Autismus - Trainings - Programm

Ein erprobtes Praxisbuch zur Anbahnung von:

- räumlicher Orientierung
- bewusster Wahrnehmung
- Struktur und Ordnung
- Mengen und Größenverständnis
- Kommunikations- und Sprachanbahnung
  - Umgang mit Ablauflisten
  - Führen nach Affolter

Inhaltsübersicht

3.   Übungsabläufe im Autismus - Training - Konzept -

    3.1.   Grundlegende Überlegungen

    3.2.   Die Materialien für den Dunkelraum

    3.3.   Die Aufgabenfelder des Autismustrainer

    3.4.   Weitere Punkte zum Fördertraining, die zu beachten sind

Praxis des Autismustrainings

    I.   Elementares visualisiertes Wahrnehmungstraining mit räumlichen Gegenständen

    II.   Elementares visualisiertes Wahrnehmungstraining mit zweidimensionalen Gegenständen

    III.   Elementares Wahrnehmungstraining und Einführung von Ziffern und Mengen (ordinaler und kardinaler Aspekt)

    IV.   Von Buchstaben und Laute

    V.   Elementares Sprach- und Kommunikationstraining

    VI.   Elementare Begriffsbildung und Absicherung

    VII.   Erarbeitung von Stück – zu Stück – Zuordnungen

    VIII.   Arbeiten mit Ablauflisten

Vorwort

Das vorliegende Buch basiert auf einer über 20 jährigen Erfahrung im Unterricht und im Training von Kindern und Jugendlichen mit einer Diagnose im Bereich der Autismus-Spektrum-Störung.

Herrn Wielands Arbeit mit autistischen Kindern geht davon aus, dass jeder Autismus-Spektrum-Störung ernsthafte Verarbeitungs- und Wahrnehmungsstörungen zu Grunde liegen. die Folgen sind für die Entwicklung und Förderung der Betroffenen und der Lebensqualität ihrer Familien weitreichend: mangelndes und schwankendes Körpergefühl mit Selbstsimulation und manchmal selbst verletzendes Verhalten, Bewegungsstereotypien und –Eigenarten, Geschmacksverzerrungen, verzerrte Hör- und Seheindrücke, Aufmerksamdefizite, reduzierte Kommunikationsfähigkeit und vieles mehr.

Das bedeutet, dass wir Autismus nicht verstehen und Therapien können ohne ein Training der Wahrnehmung und Wahrnehmungsverarbeitung über Jahre hinweg durchzuführen.

So wird Herrn Wielands Trainingskonzept verständlich, indem er, aufbauend auf dem Sinneskanal, dem Sehen, welcher am meisten Sicherheit und Orientierung bieten kann, den Betroffenen hilft, Struktur im Alltag zu finden um sich Schritt für Schritt besser orientieren zu können.

Der Rahmen des Trainings wird so gestaltet, dass möglichst viele äußere Reize ausgeschaltet werden, um eine Fokussierung auf das Gesehene überhaupt grundsätzlich zu ermöglichen.

Angefangen mit basalen Übungen zum Fokussieren (Leuchtstäbe, phosphoreszierende Gegenstände wie Kegel, Bälle, Bänder u.v.m.) (Leuchtstäbe, phosphoreszierende Gegenstände wie Kegel, Bälle, Bänder u.v.m.), über eine breite Palette an Aufgaben zum Unterscheiden und auszuwählen, bis hin zu komplexen Zuordnungsaufgaben und schulischen Techniken, ist Herr Wielands Trainingsprogramm eine gut strukturierte und gegliederte Fundgrube, die jedem Praktiker ein gutes Werkzeug in die Hand gibt.

Somit wird das Trainingsprogramm nicht nur eine Hilfe zur Orientierung und Strukturgebung, sondern bedingt ein Höheres, dass gerade bei Autismus-Spektrum-Störung es sich schwierig gestalten lässt: den Aufbau einer Beziehung zwischen autistischen Kindern und seinem Trainer. Das betroffene Kind erlebt sich –manchmal zum ersten Mal in der Beziehung mit einem anderen Menschen- zur Ruhe kommend und sich in Sicherheit fühlend, versteht was der Trainer ihm mitteilen will und kann sinnvolle Reaktionen darauf geben.

Wie oft habe ich in der Praxis erlebt, dass durch ein, von ständigen ruhelosem Bewegungsdrang bedrängtes Kind, welches herumläuft, sich auszieht, auf den andere Kinder kletter und vieles mehr, sich einer Trainingsstunde mit Herrn Wieland besinnen kann.

Wenn Eltern, Betreuer oder Schulbegleiter diese Ruhe und dieses „Bei – Sich – Sein“ des Kindes miterleben und dadurch ein vielleicht zum ersten Mal eine gezielte Bewegung möglich ist, dann wird dieses Erlebnis zum Ansporn, das Trainingsprogramm im Alltag anzuwenden und auszuweiten. Es kann so ein neuer Weg zur Begleitung und Anleitung des autistischen Kindes beginnen, heraus aus der Beziehungslosigkeit und Ohnmacht. Ein Weg der jahrelangen Übung im Alltag.

Auch wenn die Übungen einfach sind, wird es schwer fallen, sie durchzuführen, wenn der Trainer, Eltern oder der Autismusbegleiter nicht von einer Haltung und dem Willen durchdrungen ist, dass sich all die Mühe lohnt, auf diesem Weg mit den Betroffenen zu gehen. Das vorliegende Buch ist die Landkarte dafür.

Herr Wieland selbst bezeugt in seiner Halt und und durch seinen Willen zu helfen und anzuleiten, dass es eine dankbare und sinnvolle Aufgabe werden kann, aus den vorliegenden Möglichkeiten des Kindes das Bestmögliche zur Entfaltung zu bringen.

Dr. Horia Saulean

Elementares sensorisches Autismus – Training – Programm zur konkreten und bewussten Wahrnehmung und Sprachanbahnung bei Kindern und Jugendlichen mit Autismusspektrumsstörungen

Einleitung:

Der Begriff Autismus ist in den letzten 15 Jahren im wissenschaftlichen und gesellschaftspolitischen Bereich stärker in den Mittelpunkt gerückt, so dass Eltern, Ärzte, Therapeuten und Lehrer nun deutlich besser informiert sind als zwei Dekaden zuvor. So ist es auch zu erklären, dass Kinder mit wahrnehmungsverarbeitungsbezogenen Problemstellungen im Sinne eines Autismus häufig von Eltern, Erzieher Lehrern erkannt werden und diese eine Abklärung dieser Grundproblematik einleiten.

Mit großem Engagement wurden so diagnostische und pädagogische Konzepte entwickelt, die heute eine gute Basis bilden, um die Wahrnehmungsverarbeitungsstörung zu begreifen und den autistischen Kindern und Jugendlichen entsprechende Lernhilfen im häuslichen, schulischen und beruflichen Bereich zur Verfügung zu stellen.

Heute gehören TEACCH, Unterstützte Kommunikation, Führen nach Affolter, sensorische Integration und die gestützte Kommunikation zu den Basishilfen für alltägliche, schulische und freizeitorientierte Abläufe.

Dabei konzentrieren sich diese Bemühungen vor allen Dingen auf autistische Kinder, die über kommunikative Fertigkeiten verfügen.

Weniger im Vordergrund stand bisher die Überlegung, wie den „frühkindlichen Autisten", die über wenig Orientierung und Struktur im Alltag und vor allen Dingen über keine sprachlichen Kompetenzen verfügen, grundlegende Möglichkeiten der Orientierung, Struktur und Kommunikation vermittelt werden sollen.

Diesen Fragen sind wir in den letzten Jahren intensiver nachgegangen und haben versucht ein Lernprogramm zu entwickeln, das die Entwicklung der Wahrnehmung von schwer autistischen Kindern und Jugendlichen in gleicher Weise in den Vordergrund stellt, wie die sprachlichen und kommunikativen Fertigkeiten.

Nach mehrjähriger Entwicklungs- und Erfahrungsphase können wir heute ein Förderprogramm vorstellen, das im besonderen Maße die Wahrnehmungsverarbeitungsstörungen berücksichtigt und Schritt für Schritt ein Bewusstsein für eine konkretere Wahrnehmung schafft.

Zentraler Gedanke der Übungseinheiten ist die Vielzahl der sensorischen Eindrücke zu reduzieren und das Training auf einen Gegenstand, auf einen Laut, auf eine Wahrnehmung zu begrenzen.

Daher werden die Trainingseinheiten in einem spezifischen Trainingsraum mit Schwarzlicht erarbeitet, in dem eine Reduktion von visuellen und auditiven Wahrnehmungen stattfinden kann.

Diese Reduktion auf das Wesentliche, zeigte bei der Vielzahl der schwer autistischen Kinder und Jugendlichen eine deutliche Erhöhung der Aufmerksamkeit. Dabei verlängert sich fast grundlegend die Zeitdauer der Mitarbeit und führte nahezu bei allen Schülern zu einer Verbesserung von Wahrnehmung, begrifflichem Erfassen und dem Erwerb einfacher oder komplexer Kommunikationsstrukturen.

Erstaunlich waren in erster Linie die Fortschritte in der sprachlichen und kommunikativen Entwicklung, so dass nicht sprechende Kinder und Jugendliche mit einer schlechten Prognose in der Sprachentwicklung, noch grundsätzliche Fortschritte erzielen konnten.

Somit sind hier alle an der Förderung der Kinder- und Jugendlichen mit Autismusspektrumsstörungen Betrauten, wie Eltern, Lehrer, Therapeuten aus den verschiedensten Richtungen, Lehrer von ABA und andere angesprochen, dieses Trainingsprogramm kennen und umsetzen zu lernen.

Ziel des Buches ist es vor allen Dingen, eine Anzahl von konkreten Übungen vorzustellen, die die Wahrnehmungsfähigkeit und Sprache sowie die Kommunikation grundsätzlich anbahnen.

Alle Übungen wurden über viele Jahre mit einer Gruppe schwerst autistischer Schüler durchgeführt, und machten es in allen Fällen möglich, die sensomotorische Fertigkeiten zu erhöhen, Steuerungs- Handlungsfertigkeiten zu erweitern und elementarste Kommunikationsfertigkeiten zu erwerben.

Trainingsprojekte lassen sich jedoch niemals isoliert durch Therapeuten und Lehrer realisieren. Projekte dieser Art müssen immer eingebunden sein in eine durch Schüler, Eltern und Therapeuten getragenen Einheit.

Gute Erfahrungen konnten wir durch ein System entwickeln, bei dem innerhalb von drei Monaten eine Einheit genutzt wurde, um die Eltern:

- in die Grundlagen einer Wahrnehmungsverarbeitungsstörung
- in Grundkenntnisse in Teacch, UK, und FC
- in erweiterte Weiterbildungsmöglichkeiten
- und in Führen nach Affolter

einzuführen.

Darüber hinaus war es uns wichtig, dass Eltern von Eltern lernen sollten, so dass der gemeinsame Austausch von Realisierungsversuchen von Hilfen und Fördermaßnahmen zu Hause immer in einem ständigen Austausch standen.

Es blieb dabei jedoch nicht nur beim gemeinsamen Treffen. Die Eltern nahmen direkt am Fördertraining teil, so dass hier neben dem Kennen lernen von Übungen zur Kommunikationsanbahnung Abläufe und vor allen Dingen Handlingsformen mit den Eltern trainiert werden konnten.

Wichtig war uns auch der professionelle Austausch mit allen Fachkräften. So nahmen in regelmäßigen Abständen der Kinder- und Jugendpsychiater und andere Lehrer am konkreten Training teil.

Nur wenn es gelingt, alle, insb. die Eltern, in den gleichen Kenntnisstand zu versetzen ist ein nachhaltiger Erfolg gewährleistet.

Daher erschien es sinnvoll für die ATP-Lehrer ein Evaluationsprogramm zu entwickeln, das die durchgeführten Maßnahmen darstellt und den Verlauf so dokumentieren kann.

So finden Sie im hinteren Teil des Buches eine Anzahl von Therapiedokumentationstabellen, die Ihnen das Festhalten der Lernwege und Lernfortschritte erleichtern.

Diese Dokumentation soll als Lernkonzept in „progress" verstanden werden. Es soll ein Ort werden, in dem Ihre Erfahrungen in einer zweiten Auflage mit einfließen sollen.

So werden Sie gebeten, eigene Erfahrungen an mich weiter zu leiten, so dass eine folgende Auflage Ihre Erfahrungen und Konzepte mit aufnehmen kann. Benutzten Sie dazu die Mailadresse: mrm.wieland@t-online.de

Viel Erfolg bei der Realisierung der Förderprogramme!

M. Wieland

Grundlagenerhebung zu meinem Wissen über Autismus

Machen Sie sich an dieser einführenden Stelle des Buches einmal die Mühe, Ihre eigenen Begrifflichkeiten zu „Autismus – was ist das" festzuhalten.

Dies ist eine gute Grundlage um eigene Vorstellungen immer wieder mit den Erfahrungen dieses Buches zu vergleichen und zu einer möglichst realen Einschätzungen der Problemstellungen wahrnehmungsbeeinträchtiger Menschen zu kommen, die die Grundlage für eine sachgerechte erzieherische, unterrichtliche und therapeutische Hilfe ist.

Schreiben Sie Ihre Gedanken assoziativ in Stichworten zu den Anfangsbuchstaben des Wortes A u t i s m u s.

A=..
....

U=..
....

T=..
......

I=..
......

S=..
.....

M=..

....

U=..
....

S=..
.....

Beschreiben Sie Ihr Wissen oder Ihre Vorstellungen von Autismus. Versuchen Sie nach kognitiven, sozialen, emotionalen und motorischen Gesichtspunkten zu kategorisieren:

a.: kognitiv:
....
....
....
....
....
....

a.: sozial:

....
....
....
....
....
....

a.: emotional:
....
....
....
....
....
....

a.: motorisch:
....
....
....
....
....
....

Vielleicht haben Sie ein Kind im Hinterkopf, von dem Sie annehmen, dass es autistische Verhaltenszüge aufweist. Versuchen Sie dies einmal zu konkretisieren, so dass ein guter Ausgangspunkt für die Betrachtung dieses schwierigen „Mythos" möglich ist:

....
....
....
....
....
....

Welche Fragen haben Sie selbst zum Thema Autismus:

....
....
....
....
....
....
....
....

Versuchen Sie nun selbst Antwortten zu finden:

....
....
....
....
....
....
....
....

Beschreiben Sie nun selbst die Fertigkeiten Ihres autistischen Patienten oder Probanden bzw. Schülers unter den obigen Aspekten. Ergänzen Sie aber nun nach den Fertigkeiten des Autisten im Hinblick auf auditive und visuelle Fertigkeiten. Wie lernt das Kind am Besten:

....
....
....
....
....
....
....
....
....
....

visuell:

....
....
....
....
....
....
....
....
....
....

auditiv :

....
....
....
....
....
....
....
....
....

wie lerne ich am Bes-
ten?

Ihr Fachleute seid gefragt.
Aber bitte nicht nur Theorie,
sondern, wie kann man mir
konkret helfen?

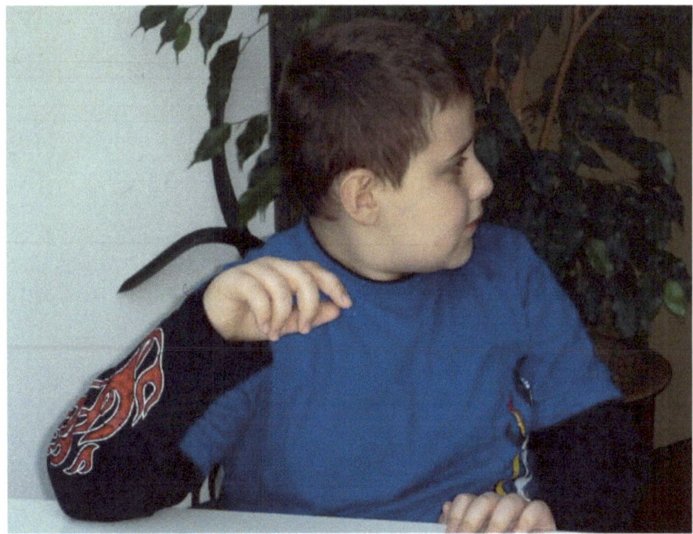

I. Theoretische Grundlagen

1. Grundlegende Betrachtung der Wahrnehmungsverarbeitungsstörungen

Autismusspektrumsstörungen sind eng gekoppelt an die Einschränkungen, sensorische
Informationen sachgerecht aufzunehmen und zu verarbeiten. Daher gilt es zunächst den
Themenbereich der sensorischen Integration und der zentralen Kohärenz wie auch deren
Bedeutung zu kennen, um im therapeutischen Rahmen den autistischen Kindern Angebote
zu sinnspezifischen Informationen zu ermöglichen.

AYRES (1998), definiert die mangelnde Fähigkeit verschiedene sensorische Informationen in adäquater Geschwindigkeit zu koordinieren und als reaktives Handlungskonzept
zur Verfügung zu stellen als *Sensorische Integration*. Darunter versteht sie die sachgerechte Ordnung und Gliederung der Sinneserregung um diese in den sozialen Kontext
setzen zu können. Um aus diesen Informationen ganzheitlich handeln zu können.

„Die Sensorische Integration als Funktionsprinzip des Gehirns ist der Prozess des Ordnens, Sortierens und Verarbeitens sinnlicher Eindrücke, damit das Verhalten eines Menschen sinnvoll und für ihn bedeutsam werden kann." (KESPER, HOTTINGER 1999)

ZIMMER (1995) definiert diesen Sachverhalt wie folgt: „Visuelle, auditive, taktile, kinäs-
thetische, vestibuläre, olfaktorische und gustatorische Reize werden zu einem komplexen
Wahrnehmungsvorgang integriert, ohne dass dem Wahrnehmenden die einzelnen Quellen
der Information bewusst sind."

DOERING (1999) formuliert die sensorische Integration als einen Prozess des:, ‚Zusammenführens, Ordnens und Strukturierens der Informationen, die uns über unsere Wahrnehmung bzw. Rezeptoren erreichen. Es handelt sich hierbei um Empfindungen, die sich innerhalb unseres Organismus abspielen sowie um Eindrücke, die durch unsere Umwelt hervorgerufen werden."

Menschen mit autistischem Verhalten sind somit in ihrer Fähigkeit eingeschränkt, sensorische Eindrücke über Sehen, Hören, Fühlen, Schmecken u.a. sachgerecht zu verarbeiten. Wir sprechen daher von einer *Wahrnehmungsverarbeitungsstörung.*

Diese Störung kann man sich anhand einer Alltagssituation verdeutlichen: Wenn z.B. ein Gespräch geführt wird, sucht man die Nähe zum Gesprächspartner und regelt die Lautstärke der Stimme entsprechend dem Lärmpegel der Umgebung. Der Kommunikationspartner stellt sich auf die Situation ein und ist in der Lage, die übrigen wahrgenommenen Geräusche der Umwelt zu diskriminieren, d.h. es findet Kommunikation statt.

Autistische Menschen weisen einen hohen Grad an Störungen in der Fähigkeit des *Diskriminierens* auf und erleben die Stimme des anderen als gleichwertige Geräuschquelle, wie das vorbeifahrende Auto oder das gleichzeitige Spülen der Mutter im Hintergrund. Diese „Diskriminierungsproblematik" bedarf einer besonderen pädagogischen Zugangsweise und Hilfe, da die Kinder diese nicht als Problem wahrnehmen; weil ihnen Vergleichsmöglichkeiten fehlen, deuten sie solche Situationen für sich als „normal".

1.1 Theory of Mind

Die „Theory of Mind", entwickelt in den 1970er Jahren, ist die Fähigkeit, sowohl die eigenen Gedanken, Gefühle, Wünsche, Absichten und Vorstellungen als auch diejenigen Anderer zu erkennen, zu verstehen, zu erklären, vorherzusagen und zu kommunizieren. (vgl. Remschmidt, Kamp-Becker 2006,46)
Ist diese Fähigkeit nicht hinreichend ausgebildet, so kann es passieren, dass etwa nonverbale soziale Hinweisreize wie Prosodie oder Mimik eines Menschen nicht dafür genutzt werden können, Rückschlüsse auf dessen Befinden und dessen Gedanken ziehen zu können. (vgl. Poustka 2008,31)
Zahlreiche Studien konnten inzwischen nachweisen, dass autistische Menschen typische Theory of Mind-Defizite erkennen lassen. Es wurde unter Anderem festgestellt, dass sie Schwierigkeiten haben, den mentalen Zustand Anderer richtig zu interpretieren und die Intentionen einzelner Charaktere korrekt zu erfassen. Auch das Führen einer Konversation über alltagsrelevante Themen oder das Anschauen von kurzen Werbefilmen legten Defizite offen. (Bruning u.a. 2005,80)
Anhand eines emotional bewegenden Filmes in dem es darauf ankam, wie zwei Menschen miteinander kommunizieren, wurde das typische Blickverhalten autistischer Menschen

mit dem nichtautistischer verglichen. Man stellte fest, dass die autistischen Probanden hauptsächlich die Mundbewegungen der miteinander sprechenden Personen des Films verfolgten, während die Kontrollgruppe den Akteuren des Films in die Augen schaute und die Blickrichtung mehrfach variierte. Diese Untersuchung bestätigt das mangelhafte Verständnis von Menschen mit Autismus für soziale Situationen, denn durch diese Art der Beobachtung war der soziale Kontext der Situation nicht zu erschließen. (vgl. Remschmidt, Kamp-Becker 2006,50f.)

Zusammenfassend lässt sich sagen, dass autistische Menschen Schwierigkeiten haben, physikalische von psychischen Vorgängen zu unterscheiden, dass ihnen das Verständnis für emotionale und soziale Situationen fehlt, dass es ihnen kaum gelingt, die Intentionen anderer Menschen zu erkennen und dass sie nur unzureichend psychische Vorgänge erfassen. Man spricht in diesen Fällen von sogenannten Mentalisierungsdefiziten. (vgl. ebd. 2006 (1),41)

Erwähnenswert scheint noch die Feststellung, dass sich der Verbal-IQ als guter Prädikator zur Vorhersage von Theory of Mind-Fähigkeiten erweist. Man fand heraus, dass autistische Kinder mit geringeren Mentalisierungsfähigkeiten deutlich höhere Sprach- und Kommunikationsdefizite besitzen, dagegen im alltäglichen Leben nicht über bessere soziale Komponenten verfügten. (vgl. Bruning u.a. 2005,82)

Zusammenfassende Darstellung

Remschmidt und Kamp-Becker haben versucht, die verschiedenen neuropsychologischen Auffälligkeiten autistischer Menschen in ein System zu bringen. Theory of Mind, die Theorie der exekutiven Funktionen und die Theorie der zentralen Kohärenz wurden mit jeweils vier für die Theorien konstituierenden Auffälligkeiten dargestellt. Es ist davon auszugehen, dass alle durch die jeweiligen Theorien verkörperten Auffälligkeiten miteinander zusammenhängen und dass alle bis auf die zentrale Kohärenz, bei der die anatomischen Strukturen noch unklar sind, im Gehirn entsprechende Korrelate aufweisen. (vgl. ebd.,51)

Remschmidt und Kamp-Becker argumentieren, dass man davon ausgehen kann, dass autistische Menschen über ein nicht hinreichend integriertes Gehirn verfügen, „sodass die einzelnen psychischen Funktionen unzureichend aufeinander abgestimmt und weder entwicklungsangemessen noch situationsangemessen koordiniert sind." (ebd. 2006 (1),43)

Theory of Mind

- Mentalisierungsschwäche
- Empathieschwäche
- Verständnisschwäche für Metaphorik (Ironie, Witz)
- Verständnisschwäche für soziale Situationen

Exekutive Funktion

- Defizite im Vorausplanen
- Defizite im zeitlichen Strukturieren
- Flexibilitätseinschränkungen
- Initiierungsschwäche

Zentrale Kohärenz

- Bruchstückhafte Informationsverarbeitung
- Detailorientierung
- Kontexterfassungsschwäche
- Sinnerfassungsschwäche

(vgl. Remschmidt, Kamp-Becker 2006,45)

1.2 Extreme Formen der Wahrnehmungsverarbeitung

Autistische Menschen beschreiben manchmal die sensorischen Eindrücke als nicht konstant. Das heißt, dass eine sonst gerade Linie oder Fläche, zum Beispiel auch eine Straße oder der Tisch, plötzlich nicht mehr gerade, sondern geschwungen erscheinen. Klare geometrische Formen, wie Schränke oder andere Einrichtungsgegenstände eines Zimmers verschwimmen

und verändern sich. Ein bestimmter Gegenstand, der fest mit einem Begriff verbunden ist, löst sich dadurch auf, indem er nicht die gleiche Form aufweist usw.
Diese Veränderungen schaffen Unsicherheit und Angst, so dass es häufig Situationen in der Entwicklung des Kindes geben wird, in denen Eltern, Therapeuten und Lehrer dem Kind nur deshalb keine unmittelbare und sachbezogene Hilfe geben können, da die Wahrnehmungsveränderungen nicht nachvollzogen werden können.

Albrecht Leipert, ein von Autismus Betroffener sagt dazu: „Wahrnehmungsstörungen sind von Tag zu Tag unterschiedlich. Manchmal sehe ich den Boden ganz verzerrt. An anderen Tagen kann ich den Boden dann wieder klar sehen, aber doch nicht gehen, weil ich meine Füße
nicht spüre. Die Sinne hängen alle zusammen. Manchmal kann ich gar nicht sagen, warum es so ist" (Ministerium für Kultus Jugend und Sport 2009, 9)

Heute weiß man, dass Menschen mit autistischen Verhaltensweisen bei der konkreten Aufnahme von Informationen besonders im auditiven Bereich beeinträchtigt sind. So müssen für eine harmonische Entwicklung Bedingungen geschaffen werden, die es dem Kind ermöglichen, Lernerfahrungen unter Berücksichtigung der Wahrnehmungsverarbeitungsstörungen machen zu können. Dabei können nicht nur auditive, sondern auch taktile und visuelle Wahrnehmungskanäle von dieser Störung betroffen sein. Zumeist lässt sich eine generelle Hierarchie beobachten:

- **Am stärksten betroffen ist der auditive Bereich.**
- **Fühlen, Tasten, Schmecken u.a. sind häufig weniger stark betroffen, bereiten jedoch dem betroffenen Kind und den betreuenden Eltern und Erziehern im Alltag, z. B. bei der Nahrungsaufnahme, oft erhebliche Probleme.**

Visuelle Eindrücke können – auch wenn Einschränkungen stets beobachtet werden können – stärker als der auditive Bereich gesteuert werden, so dass hier von weniger gravierenden Beeinträchtigungen ausgegangen werden kann.

Um ein therapeutisches bzw. ein Förderkonzept zu realisieren, müssen die Hauptträger des Lernens genauer betrachtet werden, um daraus Förderkonzepte zu entwickeln und zu realisieren.

__1.3 Die visuelle Wahrnehmung__

Neben der Aufnahme und Verarbeitung von visuellen Reizen findet sich bei Menschen mit Autismusspektrumsstörungen häufig ein peripheres Sehen. Das heißt, dass diese Menschen nicht einen Gegenstand oder eine andere Person in den Fokus der Betrachtung setzen können.

Damit ist es für Menschen mit ASS häufig schwierig, aus der Füller der auf sie einströmenden Informationen die wichtigste Information, wie das Winken eines Freundes, oder die Veränderungen der Gesichtszüge bei emotionaler Veränderung, sachgerecht wahrzunehmen und darauf zu reagieren.

Dies bedeutet, dass das *Diskriminieren* von visuellen Informationen zu Gunsten der wichtigsten Information nicht automatisiert verläuft. Daher verbleibt häufig der interpersonale Dialog ohne Augenkontakt, da die visuelle Ausrichtung ohne automatische Regulation von Wichtigem und Unwichtigem erfolgt.

Trotz dieser Einschränkungen ist der visuelle Bereich der wichtigste Informationsträger für autistische Menschen, da dieser willentlich gesteuert werden kann. Daher müssen in therapeutischen Maßnahmen, insb. für frühkindliche Autisten, wichtige von unwichtigen Informationen gemeinsam in speziellen Übungen der sensorischen Integration trainiert werden.

1.4 Die auditive Wahrnehmung und die Entwicklung der Sprache

Die auditive Wahrnehmung ist in besonderer Weise beeinträchtigt, da neben den reinen Informationsträgern häufig, oder fast immer, Nebengeräusche vorhanden sind, so dass keine sachgerechte auditive Selektion erfolgt. Hören findet so nur im begrenzten Maße und häufig auch zeitverzögert sinnentnehmend statt.

Schulisches Lernen, Aufnehmen von Informationen, schnelles Reagieren auf umweltbedingte Geräusche beruht in aller Regel auf der schnelle Aufnahme und Verarbeitung von Sprache und auditiv gegebenen Informationen.

Wahrnehmungsverarbeitungsstörungen im auditiven Bereich betreffen in besonderen Maße die alltägliche Kommunikation und dabei vornehmlich das Lernen im Besonderen. Eng damit verbunden ist die eigene Sprach- und Sprechfertigkeit.

Bei der Betrachtung der elementaren lautsprachlichen Sprachentwicklung wird deutlich, dass die Sprachentwicklung dadurch beeinträchtigt ist, dass das autistische Kind den Wortbezug zum Gegenstand oder der Handlung nicht nachvollziehen kann.

Was heißt dies genau?:

Die Sinnentnahme von Worten wird durch einen komplexen alltäglichen Vorgang zwischen Kind und Eltern bzw. der Umwelt trainiert. Dabei sieht z.B. die Mutter auf den herannahenden Ball und benennt den Ball als Ball.

Menschen mit ASS können jedoch auf Grund ihrer Diskriminierungsproblematik nicht erkennen, dass die Mutter den Ball mit den Augen verfolgt und somit die Zuordnung von Gegenstand und Wort vornimmt.

Für das autistische Kind wird damit das Wort Ball zur Worthülse, da es nicht weiß, welchen Bedeutungsbezug das Wort haben soll. Damit jedoch nicht genug. Häufig werden so die Begriffe mit anderen Gegenständen abgespeichert, so dass eine falsche Wortbedeutung entsteht.

Dies hat grundsätzliche Auswirkungen auf die Sprach- und Kommunikationsentwicklung.

2. Methodische Grundlagen zur Förderung:

Neben den Überlegungen, welche Förderkonzepte zur motorischen, sozialen, emotionalen, kognitiven und vor allen Dingen sprachlichen Entwicklungen (die Frage nach dem Was) notwendig sind, müssen für Menschen mit Autismusspektrumsstörungen auch Fragen des Umgangs mit dem autistischen Kind bekannt sein und konsequent in allen Formen der lebenspraktischen und spezifischen Förderung angewandt werden.

Die Frage nach dem :

- *wie* können schwer autistische Kinder Gegenstände bewusst wahrnehmen, greifen und sachgerecht damit in einem Handlungszusammenhang umgehen
- *wie* können sehen, hören und bewegen bewusster realisiert werden
- *wie* kann die vorhandene Sprache aktiviert werden

konnte in den vergangenen 30 Jahren in pädagogischen Konzepten erprobt werden, so dass Ihnen heute standardisierte und geeignete Methoden zur Verfügung stehen.

Die Förderung von autistischen Menschen unter dem Aspekt der sensorischen Integration erfordert jedoch umfangreiche Kenntnisse in TEACCH, Unterstützter Kommunikation, Gestützter Kommunikation und vor allen Dingen auch ausreichend Erfahrungen

Dabei ist der Umgang in speziellen Trainingseinheiten in Autismus-Trainings-Zentren oder in den jeweiligen Weiterbildungen der verschiedenen Konzeptträgern zu suchen. Auf Grund der spezifischen Formen sollte hier nicht nur ausreichend Zeit in diese Vorbereitung und Ausbildung gesetzt werden, sondern muss als wichtiger Pfeiler in der Förderung von Menschen mit Autismusspektrumsstörungen gesehen werden.

Machen Sie sich immer wieder deutlich, dass eine Förderung bei mangelnder Kenntnis der Methoden jeden Erfolg in Frage stellen kann. Um es zu verdeutlichen. Die Methoden sind die Grundlagen für die Arbeit mit autistischen Menschen:

2.1 TEACCH, die Grundlage aller Förderung

Die Problematik, der sich TEACCH widmet, lässt sich zurück verfolgen auf die Entdeckung, dass bei Kindern mit Autismus sowohl eine extreme Überempfindlichkeit als auch eine ausgeprägte Unterempfindlichkeit gegenüber bestimmten Reizen aus der Umwelt oder dem eigenen Körper festgestellt wurden. Diese Störungen können einen oder mehrere Sinne betreffen. Die Sinnesorgane als solche funktionieren einwandfrei, nur die Verarbeitung im Gehirn gelingt nicht. (vgl. Häußler 2005,28)

Das TEACCH-Programm setzt hier an und versucht durch gezielte Fördermaßnahmen dem autistischen Schüler eine räumliche und zeitliche Struktur und damit Sicherheit zu geben. Die Visualisierung spielt dabei eine große Rolle.

„TEACCH versteht sich weniger als ein Therapieprogramm als einen besonderen pädagogischen Ansatz, der einen strukturierten Unterricht beziehungsweise strukturiertes Training über Visualisierung ermöglichen soll." (Freitag 2008,122)

Die Strukturierung erfolgt zum Beispiel über Pläne, über die farbliche Kennzeichnung von Gegenständen, über Zeitmesser oder Aufgabenmappen. Sie wird jeweils den Bedürfnissen jedes einzelnen autistischen Kindes angepasst. (vgl. ebd. 2008,122)

Die TEACCH-Methode arbeitet häufig mit Ablaufplänen oder Ablauflisten, die vom Schüler während des Unterrichtsprozesses oder über einen längeren Zeitraum nach und nach abgearbeitet werden müssen. Auch eine eigene Uhr ist für den Schüler mit einer Autismusspektrumsstörung eine zwingende Orientierungshilfe. Dabei ist darauf zu achten, dass es keine analoge Uhr ist, da diese ihn aufgrund ihrer Komplexität häufig verwirrt. (vgl. Häußler 2005,56)

Wie notwendig die Visualisierung für autistische Kinder ist, zeigt das mangelnde Vermögen komplexe Lernabläufe zu verinnerlichen und als automatisierte Fertigkeiten in einer akzeptablen zeitlichen Abfolge einzusetzen. So benötigen autistische Schüler auch entsprechende Ablauflisten, um Additions- und Subtraktionsaufgaben korrekt bearbeiten zu können.

Durch die Visualisierung von Strukturen, Informationen oder Abläufen, wie sie mit Hilfe des TEACCH-Konzeptes entstehen, kann sich der autistische Schüler mehr Zeit für deren Verarbeitung lassen und bei Bedarf immer wieder darauf zurück kommen.

Er kann sich anhand dieser visuellen Hinweise eigenständig, ohne Hilfe von anderen Personen informieren, unabhängig davon, ob er sprachliche Hinweise verstehen und umsetzen kann.
Trotzdem darf die Kommunikation nicht völlig auf den visuellen Kanal verlagert und die Sprache gänzlich ausgeblendet werden. Die Förderung des Sprachverständnisses und der Sprachproduktion bildet deshalb ebenso einen Aspekt des TEACCH-Ansatzes, allerdings liegt der Schwerpunkt dort, wo die Betroffenen auf rein sprachlicher Ebene an Grenzen stoßen. (vgl. Häußler 2005,46f.)

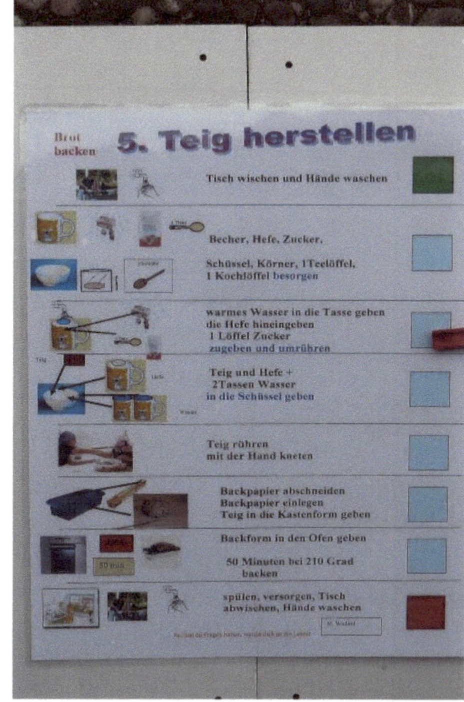

Hier eine visualisierte Ablauf-Liste, die von einem autistischen Schüler Stück für Stück abgearbeitet wird.

Um die Schritte für ihn wiederauffindbar zu machen wird eine Wäscheklammer von Position zu Position gesteckt.

Grafisch ist die Ablaufliste So gestaltet, dass von grün nach rot gearbeitet wird

2.2 Unterstützte Kommunikation

„In der Bundesrepublik hat sich seit 1992 der Begriff Unterstützter Kommunikation als Oberbegriff für alle pädagogischen bzw. therapeutischen Maßnahmen, die eine Erweiterung der kommunikativen Möglichkeiten bei Menschen ohne Lautsprache bezwecken, durchgesetzt." (Kristen 2005,15)

Mit der Methode der unterstützten Kommunikation kann die Verwendung von Sprache im Alltag erarbeitet werden. Im internationalen Sprachgebrauch findet man die Bezeichnungen alternative und ergänzende Kommunikation.

Alternative Kommunikationsformen kommen dann zur Anwendung, wenn statt der gesprochenen Sprache aufgrund fehlender oder erheblich eingeschränkter Sprechfähigkeit ein anderes Kommunikationssystem benötigt wird. Ergänzende Kommunikationsformen sind Verfahren, die begleitend oder unterstützend zur Lautsprache eingesetzt werden. Ihr Ziel besteht darin, bei Kindern mit erheblich verzögerter Sprachentwicklung die lange Zeit fehlende lautsprachliche Verständigung zu überbrücken, den Spracherwerb zu fördern und andererseits bei Personen mit schwer verständlicher Sprache das Verstehen zu erleichtern. (vgl. Wilken 2002,3)

2.2.1 Kommunikationshilfen

2.2.1.1 Körpereigene Kommunikationsformen

Zu den Kommunikationshilfen zählen körpereigene Kommunikationsformen, visualisierte beziehungsweise nicht-elektronische Kommunikationshilfen und elektronische Kommunikationshilfen.
Auf alle drei soll kurz eingegangen werden.
„Unter körpereigenen Kommunikationsformen versteht man den Einsatz von Mimik, Blick- und Zeigebewegungen, Gebärden, des Fingeralphabets, individuelle, vom Betroffenen selbst entwickelte Zeichen, aber auch Lautsprache, Lautäußerungen und Vokalisationen." (Otto, Wimmer 2010,32)
Sind ausreichende motorische Fertigkeiten gegeben, können die Gebärden der Deutschen Gebärdensprache (DGS) benutzt werden. Vereinfachte Kommunikationsgebärden hat die Diakonie Stuttgart in einer Sammlung mit dem Titel „Schau doch meine Hände an" herausgegeben.

Da autistische Menschen zusätzlich zu ihren sprachlichen Auffälligkeiten und Einschränkungen nahezu keinen Gebrauch von Mimik und Gestik machen, können Gebärden eine
wichtige Hilfe sein, um sprachliche Inhalte wiederzugeben, immer jedoch in Abhängig-
keit zu ihren allgemeinen intellektuellen Fähigkeiten.
Vorteile der körpereigenen Kommunikationshilfen sind, dass man sie jederzeit dabei hat,
sie also schnell, ortsunabhängig und spontan immer verfügbar und einsatzbereit sind. Ihre
Nachteile sind, dass sie meist nur im privaten Umfeld und nicht von allen Menschen verstanden werden und zur Vermittlung komplexer Inhalte nicht geeignet sind. (vgl. ebd.
2010,33)

Die Gebärdensprache ist für Menschen mit einer Autismus-Spektrum-Störung in welcher
Ausprägung auch immer, sei es als Sprachersatz oder Ergänzung, immer eine gute zusätzliche Hilfe. Selbst nonverbalen Autisten ist es möglich, eine einfache Art von Gebärdensprache zu lernen und damit kommunizieren zu können.

2.2.1.2 Nicht-elektronische Kommunikationshilfen

Zu den nicht-elektronischen Kommunikationshilfen gehören Tafeln, Bücher, Poster und
Kästen. „Auf ihnen werden Fotos und Symbole aus unterschiedlichen Symbolsystemen
und Symbolsammlungen oder Zeichnungen nach inhaltlichen Gesichtspunkten geordnet
angebracht. Das gesamte Material sollte beschriftet sein, um ...den Schriftspracherwerb zu
unterstützen." (ebd. 2010,33)
Da Personen mit Autismus-Spektrum-Störungen gute visuelle Fähigkeiten besitzen, hat
man mit einem speziellen Programm die Kommunikation mit Bildkarten eingeführt. Es ist
das „Bildaustausch-Kommunikationssystem" PECS (Picture Exchange Communication
System). Dieses wurde ursprünglich für Vorschulkinder mit Autismus entwickelt. Während in den USA PECS als Standard zur Kommunikationsförderung eingesetzt wird und
alle Beteiligten wie Eltern, Lehrer und Therapeuten in Weiterbildungskursen umfassend
informiert werden, entwickelt es sich in Deutschland erst nach und nach. (vgl. Kristen
2005,148)
PECS besteht aus einer Ansammlung von Bildkarten. Das autistische Kind gibt dem
Kommunikationspartner eine gewünschte Bildkarte in die Hand und erhält von diesem im
Gegenzug den gewünschten Gegenstand oder eine Dienstleistung.

„Diese ‚Kommunikationsform mit Bildkartentausch' ist gut geeignet, um Kindern das
Ursache-Wirkungsprinzip von Sprache zu vermitteln." (Otto,Wimmer 2010,36)
Es wurden inzwischen bereits eine Reihe von Studien zum PECS-Training durchgeführt,
die alle beweisen konnten, dass die nonverbale und in einzelnen Fällen auch die verbale
Kommunikation bei Personen mit Autismus-Spektrum-Störungen verbessert werden
konnten. (vgl. Freitag 2008,130)

2.2.1.3 Elektronische Kommunikationshilfen

Die technische Entwicklung der vergangenen zwanzig Jahren war auch für die unterstützte Kommunikation von großer Bedeutung. Es gelang durch die Mikroelektronik und Informationsverarbeitung, die Geräte immer weiter in der Größe zu minimieren, so dass
viele handliche und tragbare Kommunikationssysteme entstanden sind.
Einfache Sprachausgabegeräte werden zur Kommunikationsanbahnung genutzt. Der Al-
pha-Talker kann zum Beispiel auf Knopfdruck Worte oder Sätze von sich geben. Für
sprechende Personen mit Autismus-Spektrum-Störungen existieren eine Reihe von Com-
puter-basierten Programmen, um den Wortschatz zu erweitern oder soziale Interaktionen
zu trainieren. Man hat festgestellt, dass gerade Menschen mit Autismus-Spektrum-
Störungen gern mit Computern umgehen. (vgl. Freitag 2008,131)
Allerdings haben sie oftmals Schwierigkeiten bei der Steuerung des Körpers, das heißt im
grob- und feinmotorischen Bereich. Es gelingt ihnen oft nicht, in einer angemessenen
Geschwindigkeit und Größe zu schreiben. Dieses Problem kann mit Hilfe eines Laptops
kompensiert werden. Dieser gibt dem Schüler durch die klare visuelle Darstellung am
Bildschirm eine ideale Struktur vor, um selbständiges, ungestörtes und konzentriertes
Arbeiten zu fördern.

2.3 Gestützte Kommunikation (Facilitated Communication)

Neben allen unterstützenden Hilfen wurde immer wieder deutlich, dass in vielen Fällen
ohne konkrete Unterstützung des Körpers durch eine andere Person keine Eigenaktivität
in Hinblick auf Kommunikation oder Handlungen nonverbaler autistischer Menschen zu
erreichen ist.
Die Methode der gestützten Kommunikation als Hilfe auch für autistische Menschen
wurde in den USA entwickelt und verbreitete sich ab 1988 ausgehend von Douglas Biklen
von der Syracuse University (New York) zunächst auch dort. (vgl. Biermann 1999,13)

„Die Gestützte Kommunikation (engl.: Facilitated Communication, abgekürzt FC) ist eine
Methode aus dem Spektrum der Unterstützten Kommunikation, bei der ein Kommunikationspartner (‚Stützer') das Deuten auf Bilder, Symbole oder Buchstaben durch physische
und psychische Hilfestellungen (‚Stütze') erleichtert – mit dem Ziel, diese Hilfe immer
weiter auszublenden." (Nagy 2002,153)
Der Alltag an vielen Schulen zeigt, dass die gestützte Kommunikation als wichtige Hilfe
vor allem für nicht sprechende autistische Schüler genutzt wird. So weisen die Handrei-
chungen von Baden-Württemberg auf diese Methode explizit hin, um kommunikationsbe-
einträchtigte Schüler zu unterstützen.
„Gestützte Kommunikation...ist eine Methode, die es manchen Menschen mit schweren
kommunikativen Beeinträchtigungen ermöglicht, sich durch Deuten bzw. Tippen auf Gegenstände, Bilder, Symbole oder Buchstaben mitzuteilen." (Maier,Scheel 2009,33)

Es kann damit festgehalten werden, dass die gestützte Kommunikation eine nutzbare Methode vor allem für nonverbale autistische Menschen sein kann, sie aber noch nicht so intensiv genutzt wird wie die Methoden TEACCH oder die unterstützte Kommunikation.

Die vielen Jahre in der Anwendung von gestützter Kommunikation gerade mit schwer autistischen Kindern und Jugendlichen zeigen, dass sie ein geeignetes Mittel sind um eigene Gedanken zur bewusstes und selbst geführtes Zeigen zum Ausdruck zu bringen.

Daher wird im Autismus-Training-Projekt in besonderer Weise darauf geachtet, dass die Schüler systematisch über die Stufen

- des bewussten Wahrnehmens
- des geübten und geführten Zeigens

zu selbst gesteuerter Meinungsäußerung kommen.

Nach der theoretischen Grundlegung bleibt die Überlegung, welche therapeutischen Konzepte für die autistischen Schüler umsetzbar sind, und vor allen Dingen, wie sie systematisch aufgebaut werden sollen.

Dabei gilt in diesem Buch die Betrachtung einer elementaren Anbahnung von Wahrnehmung und Handlung unter Einbeziehung aller Erfahrungen, Kenntnisse zur Visualisierung, dem Führen nach „Affolter" und der unterstützten und gestützten Kommunikation.

3. Übungsabläufe im Autismus – Training – Konzept

3.1. Grundlegende Überlegungen

Zentraler Ausgangspunkt des sensorischen Konzeptes ist die Reduktion von nicht für den Lernprozess bedeutsamen Eindrücken für die autistischen Kinder und Jugendlichen.

Um dies in einem Lernprozess zu realisieren, sollte „ein Dunkelraum" geschaffen werden, der von der Ausstattung nicht nur reizarm, sondern so abdunkelbar ist, dass keine anderen Wahrnehmungen möglich sind. Weiterhin ist der Raum mit einem schwarzen Teppich ausgestattet und verfügt über eine Audioanlage. Die Wände sind nicht zu dunkel gehalten, so dass eine räumliche Orientierung noch möglich ist.

Mit zwei Schwarzlichtlampen ist der Raum lediglich mit 2 – 2 (1,2m) UV Licht ausgestattet, so dass nur die fluoreszierenden vorbereiteten Materialien zum Lerngegenstand werden.

Konzeptionell sollten auch auditive, nicht zum Lernprogramm gehörende Einflüsse reduziert werden. Da Geräusche durch Bewegungen der Schüler oder der Lehrer immer wieder die Wahrnehmungen, die im Zentrum stehen sollten, gestört werden, wurde eine einfache aber kontinuierliche musische Untermalung gewählt.

Dabei sind Lieder von Hufeisen o.a. besonders geeignet, die eine ausgewogene, aber auch dynamische Stimmung erzeugen und Störgeräusche reduzieren.

Fassen wir noch einmal die Materialien für das Training, das nachfolgend im Dunkelraum beschrieben wird, zusammen:

3.3 Die Materialien für den Schwarzlichtraum:

Der Raum ist weitgehend reizarm und enthält zwei Schwarzlichtlampen und die entsprechend für das Training benötigten Materialien:

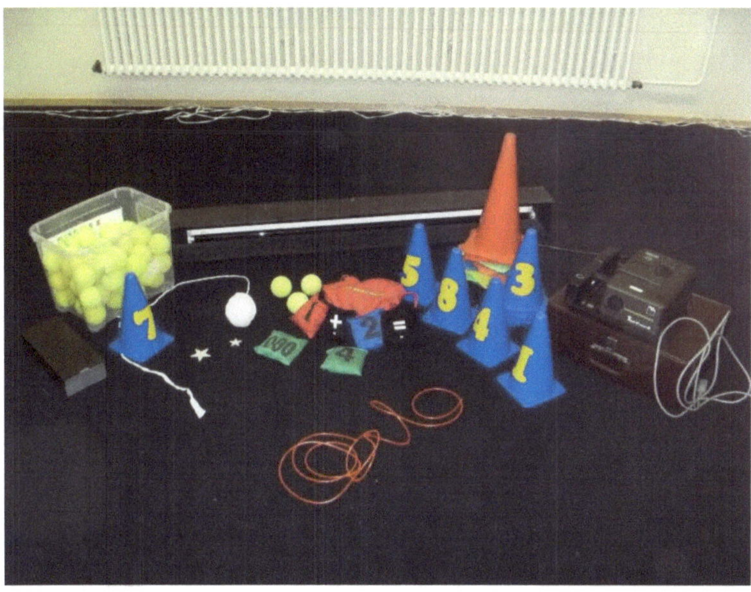

- 2 Schwarzlichtlampen mit einer Länge von 120 cm und einem entsprechend stabilen schwarzen Gehäuse
- fluoreszierende Bälle
- Tischtennisbälle
- fluoreszierende Gegenstände wie aus Styropor gefertigte Quader, Rechtecke u.a.
- fluoreszierende Markierungspunkte
- Tennisbälle und fluoreszierende Bälle unterschiedlicher Größe und Farbe
- aus weißem Papier gefertigte Teile zum Bau von Schiffen, Häusern, Menschen u.a.
- fluoreszierende Kegel
- fluoreszierende Kegel mit Zahlen
- entsprechende Sandsäcke mit Zahlen
- große und kleine Kegel mit und ohne Zahlen
- verschieden farbige und fluoreszierende Bänder von 10 m Länge
- Leuchtstäbe
- Je zwei Sätze a 8 Farbkarten
- Je zwei Sätze a 8 Bildkarten
- Fluoreszierende Sterne

- Fluoreszierendes Krepppapier
- CD-Player mit ruhiger, aber fordernder Musik, wie Hufeisen etc.
- Diaprojektor oder Beamer mit entsprechenden Materialien
- Interaktive Leinwand
- Entsprechende themenbezogene Diaserien
- Buchstabenkarten immer zwei Sätze
- Ziffernkarten immer zwei Sätze
- u.a.

3.3 Aufgabenfelder des Autismustrainers:

Der Autismustrainer verfügt grundlegend über ein umfassendes Wissen über die sensorischen Einschränkungen und den sachgerechten Hilfen.

Daher sollte er über grundlegende Fertigkeiten verfügen:

a. Eine grundlegende Einführung in das TEACCH Programm zur Strukturierung und Organisation von Unterricht und Förderung mit autistischen Kindern und Jugendlichen. Dabei ist zu empfehlen, dass der Autismustrainer mindestens an 2 einführenden Kursen der AUTEA Organisation teilgenommen hat.

b. „Führen nach Affolter" ist eine weitere grundlegende Voraussetzung. Neben der unerlässlichen theoretischen Einführung in diesen Themenbereich benötigt der Lehrer ausreichend „Handlingerfahrung", um im Autismus-Training-Konzept arbeiten zu können.

c. Um Sprache und Kommunikation anbahnen zu können, benötigt der Autismustrainer eine grundlegende Ausbildung im Bereich der *Facilitated Communication.* Hierbei sollte eine autorisierte Ausbildung vorliegen, da hier standardisierte Fertigkeiten notwendig sind.

d. Da die Förderung von schwer autistischen Kindern und Jugendlichen besonders auf zusätzliche Hilfen aus dem Bereich der UK: Unterstützten Kommunikation fast grundsätzlich angewiesen ist, benötigt der Lehrer hier ausreichende Erfahrungen, um Kommunikation systematisch anbahnen zu können.

3.4 Weitere Punkte zum Fördertraining, die zu beachten sind:

- Alle Materialien sind vom Autismustrainer vor der Stunde vorbereitet worden und stehen sachgerecht, für das Handling des Lehrers und das entsprechende Handlungsfeld des autistischen Kindes an dem Platz, der ideal für das Training ist.
- Der Lehrer schaltet vor Beginn der Stunde das UV – Licht an und erhellt den Raum durch eine weitere nicht starke Lichtquelle
- Der Stuhl ist für das autistische Kind klar visuell gekennzeichnet (fluoreszierendes Bild)
- Der Lehrer begrüßt persönlich die Eltern und das Kind
- Der Lehrer hilft dem autistischen Kind unter „Führen nach Affolter" sich auszukleiden, die Schuhe auf die vorgegebenen Moosgummischuhfelder zu stellen und die Jacke an den entsprechenden Haken mit Bild zu hängen. Der Lehrer versucht hier konzentriert die lebenspraktischen Übungsabläufe anzubahnen und zu realisieren
- Dabei sind alle PECT Symbole sachrichtig vorbereitet und angebracht.
- Der Lehrer kann und soll einen runden markanten Punkt zwischen den Augen angebracht haben, um den Blickkontakt bei der Begrüßung und beim Verabschieden zu unterstützten. Dabei kann das Anbringen des Punktes durchaus mit dem Kind zusammen stattfinden. Hintergrund ist, dass der Augentakt kaum dadurch trainierbar ist, indem man den Schüler lediglich dazu auffordert dem Gegenüber in die Augen zu blicken. So benötigt das autistische Kind auch hier ausreichend visuelle Hilfen. In Studien konnte erhoben werden, dass autistische Menschen die Augen des Gegenüber nicht als isoliert erkennen können. Die Untersuchungen zeigen jedoch, dass die Position zwischen die Augen einen guten Anhaltspunkt bildet. Eine weitere Möglichkeit sich am Gegenüber zu orientieren, ist das Sehen auf den Mund des anderen. Einigen Sie sich mit den Eltern darüber, welche Orientierung Sie wählen.
- Der Lehrer organisiert die Stunde so, dass er sich ausschließlich mit dem autistischen Kind beschäftigt und weitere Fragen mit den Eltern an das Ende des Trainings gesetzt werden. Dabei wird mit dem Kind vereinbart, was es in dieser Zeit tun soll. Der Lehrer hat diese Phase sachrichtig vorbereitet.
- Die Trainingsdauer umfasst 50 Minuten mit dem Kind. Anschließend sind noch 10 Minuten für das Gespräch mit den Eltern vorgesehen. Informieren Sie die Eltern hinreichend darüber.
- Zum Trainingsbereich gehören auch beim Abschluss lebenspraktische Übungen, so dass der Lehrer auch hier sachrichtig, und wenn möglich, mit den Eltern zusammen, die Jacke wieder ankleidet und das Kind verabschiedet

- Ziel des Autismus-Training-Projektes ist es, dass Führen, UK, GK (FC) und alle Formen von TEACCH in den Alltag des autistischen Kindes Zugang haben. Daher ist das Training nicht ausschließlich auf das Kind ausgerichtet. So können und sollten die Eltern in diese Trainingseinheit einbezogen werden und werden so in das Training integriert.

- Alle nachfolgend aufgezeichneten Fördermöglichkeiten im Rahmen einer erweiterten sensorischen Integration werden mit Ziffern aufgeführt. Schreiben Sie in die Behandlungskarte die entsprechenden Ziffern, so dass eine sachgerechte Dokumentation unter Einbeziehung von Fort- und Rückschritten aufgenommen werden kann.
- Jeder Trainingsteilnehmer erhält ebenfalls eine Arbeitsmappe, in der die einzelnen Trainingsschritte enthalten sind. Bitte tragen Sie hier ebenfalls die Aktivitäten ein und geben Sie möglichst ein Trainingsziel bis zur nächsten Behandlung mit.
- Bedenken Sie in allen kommunikativen Phasen, dass Sie Vorbild für den Erwerb bzw. die Verbesserung der Sprache sind. Daher gelten grundsätzlich folgende ***Vorgaben:***

    o wenden Sie sich immer dem Kommunikationspartner direkt zu
    o sprechen sie langsam, deutlich und in einer eher leisen Sprache
    o verwenden sie eine auf das Wesentliche reduzierte Sprache in der Sprachanbahnung
    o vermeiden Sie hintergründige Dialoge und reziproke Sprachformen
    o vermitteln sie den Eltern die Bedeutung der Kommunikationsform, so dass die autistischen Kinder in möglichst allen Kommunikationsanlässen sachrichtige Informationen entnehmen können

- Achten Sie darauf, dass Sie in allen Formen „Führen nach Affolter" realisieren. Das heißt, dass Sie alle motorischen Aktivitäten mit dem Kind erledigen. Vom Halten des Stiftes bis hin zum sachgerechten Aufnehmen des Kegels mit zwei Händen stehen Sie hinter dem Kind und belassen das Sichtfeld frei für das Beobachten des autistischen Kindes. Mit der Ausgangsposition hinter dem Kind können Sie in idealer Form die motorischen Aktivitäten des Kindes steuern.
- Denken Sie in allen Phasen, dass Sie visuelle Hilfen grundsätzlich verwenden müssen, um Strukturen anzubahnen und sachrichtig zu vermitteln.

II. Praxis des Autismustrainings:

1. ELEMENTARES VISUALISIERTES WAHRNEHMUNGSTRAINING MIT GEGENSTÄNDEN

1.1 Positionen legen mit fluoreszierenden Sternen

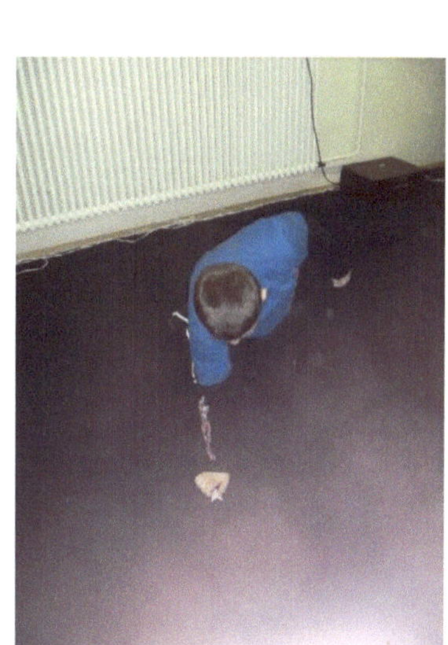

Material: *folierte weiße fluoreszierende Sterne, vier weiße und farbige folierte DIN A 4 Blätter*

Der Lehrer führt den Schüler. Mit fluoreszierenden Sternen werden Positionen im dunklen Raum bestimmt. So verteilt der Schüler die fluoreszierenden Sterne auf dem dunklen Boden.

Übungsmöglichkeiten:

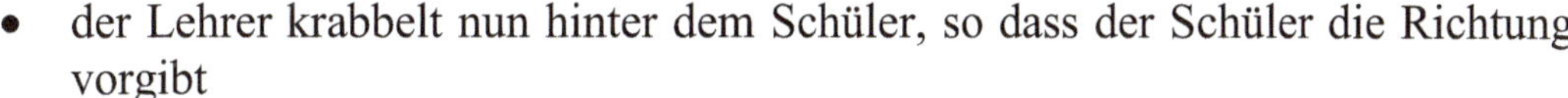

- der Schüler krabbelt auf dem Boden, ohne die Sterne zu berühren. Dabei krabbelt der Lehrer neben dem Schüler

- der Lehrer krabbelt nun hinter dem Schüler, so dass der Schüler die Richtung vorgibt
- der Lehrer krabbelt vor dem Schüler und gibt ihm die Krabbelrichtung vor

- der Lehrer und Schüler gehen Hand in Hand durch den Sternengarten, ohne auf die Sterne zu treten
- der Raum erhält durch die DIN A 4 Blätter vier Ausgangspunkte. Von einem Ausgangspunkt krabbelt/geht der Schüler zum gegenüber liegenden DIN A 4 Blatt ohne auf die Sterne zu treten
- verändern Sie die Ausgangssituation des Krabbelns und Gehens durch die farbigen folierten Blätter. Geben Sie Anweisungen: „Ari, krabble von rot nach gelb" u.a.

1.2 Zuordnung von Positionskegeln auf die fluoreszierenden Sterne

Material: *8 fluoreszierende Kegel in gelb und rot mit ca. 40 cm Höhe, Musikanlage*

Der Lehrer führt den Schüler. Unter Führen nimmt der Schüler je eine Pylone mit beiden Händen auf und bedeckt den ausgelegten Stern.

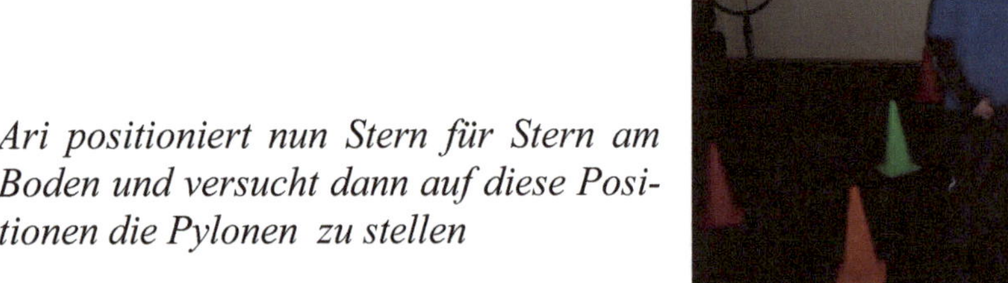

Ari positioniert nun Stern für Stern am Boden und versucht dann auf diese Positionen die Pylonen zu stellen

1.3 Raumerfahrung durch Gehen um die Pylonen

Material: *Musik aus der CD-Anlage*

Der Lehrer geht mit dem Schüler durch den Raum, der nun 8 bis 10 Pylonen aufweist. Dabei nimmt der Lehrer den Schüler an der Hand und führt. –

Erweiterung:

Der Lehrer steht vor dem Schüler und beide berühren ihre Hände. Dabei führt er den Schüler zunächst nach vorn und anschließend rückwärts.

Durch den Druck der Hände steuert der Lehrer die Richtung des Schülers.

1.4 Raumerfahrung und Koordination

Material: *fluoreszierende Papierdeckel, fluoreszierende Hütchen unterschiedlicher Größen*

Der Lehrer zeigt dem Schüler, wie er fluoreszierende Pappdeckel auf die Pylonen legt. Anschließend wird der Schüler geführt um die Handlung sachrichtig umzusetzen. Nach dem Erwerb setzt sich der Lehrer neben den Schüler, gibt ihm die Pappdeckel und fordert ihn auf, die Deckel auf die freien Pylonen zu legen.
Ergänzungen für weitere Stunden:

- Große fluoreszierende Hütchen auf die Deckel legen
- Flache fluoreszierende Bausteine auf die Pylonen, die Deckel oder beides legen
- Weiteres Material bis hin zu Säckchen, Bällen u.a. verwenden

1.5 Raumerfahrung und visuelle Orientierung

Material: *fluoreszierendes ca.: 10 m langes Band, das zum Wollknäuel aufgerollt ist*

Der Lehrer führt um die Pylonen ein weißes, ca. 2 cm breites und 10 m langes fluoreszierende Band zunächst in einer einfachen Form vom Schüler zu einer Pylone und zurück.

- Der Lehrer gibt die nächste motorische Einheit durch Zeigen vor. Er krabbelt dem Band entlang. Dabei zeigt er, dass die eine Hand links und die andere Hand rechts vom Band liegen muss
- Der Schüler krabbelt mit dem Lehrer gemeinsam und wird sachrichtig in das Krabbeln eingeführt
- Der Schüler krabbelt alleine
- Nach jeder absolvierten Strecke kehrt der Schüler zu seinem Platz zurück
- Der Lehrer verändert die Strecke von einfach zu schwer

- Abschließend:
    - o Der Lehrer gibt das aufzuwickelnde Band in die Hand des Schülers und wickelt es selbst auf. Somit verbleibt eine taktile Aktivierung, so dass das Kind - mitzieht- o.a.
    - o Der Lehrer setzt sich hinter den Schüler und wickelt mit dem Schüler gemeinsam unter Führen das Band auf
    - o Gemeinsam wird das Band aufgeräumt

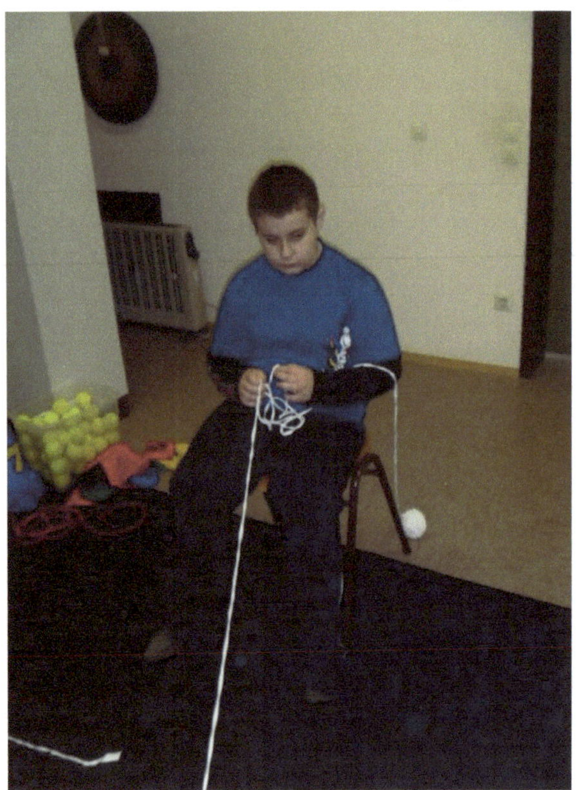

1.6 Wahrnehmungsdifferenzierung mit verschieden fluoreszierenden Bändern

Material: *drei verschieden farbige fluoreszierende Bänder, Kegel, Sterne*

Übungsabauf:

- ➢ *Positionieren der Sterne im Raum*
- ➢ *Gemeinsames Gehen durch den Raum ohne die Sterne zu berühren*
- ➢ *Auslegen der weißen Schnur*
- ➢ *Krabbeln und Gehen entlang der Schnur*

1.7 Visuelle Orientierung und Handlungsvollzüge mit Bewegungsmaterial

Material: *fluoreszierende Tennisbälle, Spielbälle und Bälle aller Art mit verschiedenen Farben etc.*

Der Lehrer sitzt neben dem Schüler. Der Raum enthält weiterhin die erstellten Pylonen. - Nun nimmt der Lehrer den Behälter mit den fluoreszierenden Bällen (gelbe Tennisbälle leuchten grundsätzlich) – schaffen Sie eine umfassende und farbenverschiedene Anzahl von Bällen unterschiedlicher Konsistenz und Art:

- *Tennisbälle in den Farben gelb und orange und grün*
- *Tischtennisbälle*
- *Bälle aus dem Kugelbad*
- *Spielbälle*
- *u.a.*

Der Lehrer – WIRFT – ROLLT – einen Ball in den Raum. Lehrer und Schüler verfolgen den bewegten Gegenstand. Ist der Schüler nicht in der Lage den Ball visuell zu verfolgen, führt der Lehrer den

Kopf des Schülers.

Sind mehrere Personen, wie Schüler, Mutter oder ein weiterer Schüler oder Lehrer anwesend, so wird in einem klar definierten Ablauf geworfen. Achten Sie auf das sachrichtige und „informative Sprechen" reduzieren Sie die Anweisungen auf:

- Holen
- Geben
- Werfen
- Danke
- Bitte
- U.a.

Anschließend werden die Bälle wie folgt geholt und zurück den Behälter gelegt:

- „Ball holen" : Der Lehrer geht mit dem Schüler zum Ball, nimmt seine Hand und isoliert den Zeigefinger und zeigt mit ihm zusammen auf den Ball und wiederholt: „Ball holen"
- Der Lehrer führt entsprechend dem „Führen nach Affolter" den Schüler zum Greifen des Balles und geht mit ihm gemeinsam zum Behälter. Auch dem Öffnen der Hand wird ausreichend Bedeutung und Aufmerksamkeit gewidmet. Dabei ist darauf zu achten, dass der Kopf und die Augen in die Richtung des Aktionsfeldes ausgerichtet werden.

Weitere Übungsformen:

- Der Schüler holt 2 Bälle   „2 Bälle holen"
- Der Schüler holt 3 Bälle
- Der Schüler holt die geforderte Menge der Bälle und zählt sie in den Behälter
- Bei gemischten Ballsorten: „ Hole einen Tennisball"; hole einen Tischtennisball
- Übungen zur farblichen Orientierung: „Hole einen blauen Ball"; hole einen roten Ball

1.8 Visuelle Orientierung und Handlungsvollzüge mit statischem und beweglichen Materialien

Material: *fluoreszierende Sterne, Formen, Bälle und Figuren, Band oder Bänder, mehrere fluoreszierendes Stop-Schilder, drei unterschiedlich fluoreszierende 1m Bänder*

Der Lehrer verfährt wie unter Punkt 1.5. - Hier benutzt der Lehrer jedoch nicht bewegliches fluoreszierende Material, wie Bälle u.a., sondern:

- unregelmäßige aber gleiche Formen z.B. aus Styropor oder anderen bemalten fluoreszierenden Materialien
- Bälle einer Sorte und gleicher Farbe
- Figuren, die ebenfalls wie alle Materialien fluoreszieren

Materialien aus Styropor eignen sich nur in begrenztem Maße, da viele autistische Kinder das weiche Material benutzen um Teile daraus herauszunehmen oder herauszubeißen. - Erproben Sie verschiedenste Spielmaterialien.

Übungsablauf:

- o der Lehrer bzw. der autistische Schüler oder gemeinsam, verteilen die „Markierungssterne" erneut im Raum
- o darauf werden die statischen Materialien wie Klötze und Figuren gelegt

o gehen Sie ruhig mit dem Schüler wieder durch die so entstehende Bodenlandschaft, bleiben Sie bei den verschiedenen Formen stehen, benennen Sie sie und zeigen unter „Führen nach Affolter" mit ausgestrecktem Zeigefinger auf die Figur.
o Benutzen Sie ebenfalls das fluoreszierende Band, um eine Strecke daraus zu entwickeln, auf dem der Schüler gehen soll
o Bilden Sie mit den drei fluoreszierenden Bändern, die unterschiedliche Farben haben drei Kreise.
o In diese Kreise werden die einzelnen Arten von Gegenständen gelegt

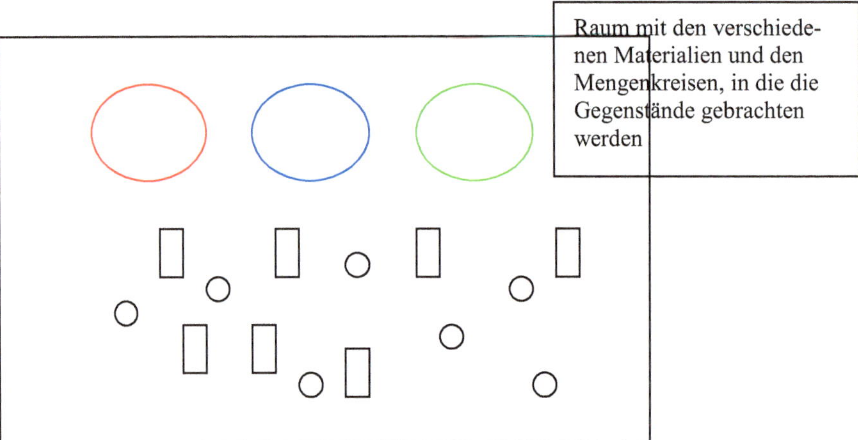

1.9 Ziffernfolgen mit den Pylonen erarbeiten

Material: *fluoreszierende Pylonen mit fluoreszierenden Ziffern von 1-10*

Die kleinen Pylonen mit den Ziffern werden der Reihenfolge nach auf die stehenden Pylonen gesetzt. Dabei werden die Ziffern zunächst auf der Pylone nachgefahren, benannt und danach handlungsaktiv auf eine der freien Pylonen gesetzt. (Erarbeitung von räumlichem Erkennen, Kennenlernen der Ziffern und Erarbeitung des ordinalen Wertes der Ziffer und Zahl.

Dabei führt der Lehrer in gleicher Form wieder die Hand des Schü-lers, achtet auf die visuelle Ausrichtung der Bewegung des autistischen Kindes und lässt durch Zeigen und der Aufforderung des Sprechens die Ziffer wiederholen.

1.8 Ziffern erarbeiten und benennen

Material: *fluoreszierende Pylonen mit fluoreszierenden Ziffern von 1-10 und die bestehenden Pylonen, fluoreszierendes Band in weiß und rot*

Übungen:

- Der Lehrer geht nun zu einer der Ziffern, benennt sie und kehrt zu seinem Stuhl zurück.
- Das autistische Kind wird aufgefordert zu einer benannten Ziffer zu gehen und sie zu zeigen. In einer Vorstufe wird das Kind zur Ziffer geführt, fährt die Ziffer mit dem Zeigefinger nach und versucht sie zu benennen
- Der Lehrer geht mit dem Schüler von einer Ziffer zur anderen, verweilt an den Pylonen, benennt sie und lässt den behinderten Schüler die Ziffer benennen
- Die Reihenfolge kann nun auch rückwärts erfolgen
- Das weiße Band wird nun von einer Ziffer chronologisch zur nächsten geführt
- Gegenüber wird das rote Band von 10-1 geführt
- Der Schüler geht die Ziffernreihe nach oben und wieder zurück

1.9 Ziffernübungen mit Sandsäckchen vertiefen

Material: *Sandsäckchen mit aufgemalten fluoreszierenden Ziffern, weißes und rotes Band*

Der Lehrer nimmt nun die mit Ziffern bemalten handgroßen Sandsäckchen und gibt jeweils in der Reihenfolge der Ziffern an den Schüler mit ASSen. Geführt oder alleine legt der Schüler mit ASS die Säckchen zu den entsprechenden Pylonen

Weitere Übungen:

- Benennung der einzelnen Ziffern
- Legen eines Bandes um die Reihenfolge zu erkennen
- Wir gehen die Reihenfolge auf der Schnur entlang, bleiben an den einzelnen Pylonen stehen und benennen die Ziffern
- Die abwärts verlaufenden Ziffern werden wieder mit einem blauen Band in der Reihenfolge so visuell dargestellt und ebenfalls abgegangen.
- Wir gehen diesen so entstandenen Kreis und sprechen die Ziffern von 1-10 und von 10-1

1.10   Erarbeitung des cardinalen Wertes der Zahl

Material: wie 1.9 und zusätzlich verschiedenste Bälle, fluoreszierende Bänder

Der Lehrer und Schüler bringen nun die entsprechende Anzahl der Bälle zu den auf den Pylonen stehenden Ziffern.

Weitere Übungen:

- Alle Bälle werden genau aus dem Korb gezählt und entsprechend zugeordnet
- Um die Bälle als Menge besser erfassen zu können, kann ein fluoreszierendes Band als Kreis gelegt werden, in den die Bälle gelegt werden
- wiederholen Sie die Menge und zeigen sie sowohl auf die reale Menge (cardinaler Wert) und die Ziffer.
- Fügen sie auf Karten gemalte Mengen den entsprechenden erarbeiteten Mengen zu
- Erweitern sie die Mengen durch andere Mengen wie: kleinere Bälle, Steine, Kugeln u.a.

1.11 Strukturwiederherstellung durch Aufräumen des Raumes

Material: *die noch im Raum stehenden Pylonen und Materialien werden systematisch auf ihren Ausgangspunkt gesetzt*

Zunächst werden die beweglichen Mengen wieder zurück gebracht.

Anschließend werden die Sandsäckchen mit den Ziffern systematisch wieder geholt und zurück in den großen Beutel nach klarer Ziffernaufforderung gegeben.

Danach werden ebenfalls durch FÜHREN die kleinen Pylonen entsprechend der Vorgabe des Lehrers auf einen Stapel gestellt.

Abschließend verbleiben noch die neutralen Pylonen, die Stück für Stück genommen und wieder auf den Stapel gestellt werden.

2. ELEMENTARES VISUALISIERTES WAHRNEHMUNGSTRAINING MIT GEOMETRISCHEN FORMEN

2.1 Raumerfahrung als Vorbereitung für die sensorische Übung

Material: *fluoreszierende Sterne als Markierungspunkte für den Raum*

Der Lehrer gibt mit fluoreszierenden Sternen, die im Raum verteilt werden (oder, wenn dies feinmotorisch mit dem Schüler möglich ist) die Position im Raum vor.

Daraufhin gehen der Lehrer mit dem Schüler um die Sterne, so dass das Raumgefühl erfahrbar ist und die Positionen der Sterne verinnerlicht werden können. Mit FC können auf die Sterne gezeigt werden.

Um immer wieder den Raum in seiner Größe und Form zu erfahren und visuomotorische Fertigkeiten elementar begreifbar zu machen soll in dieser einführenden Übung immer auch wieder das Krabbeln, Gehen zwischen den Sternen mit und ohne gelegtes Band stehen.

2.2   Zuordnung von deckungsgleichen gleichfarbigen Formen

Material: *fluoreszierenden Formen wie Dreieck, Rechteck Quadrate u.a. foliert oder durch gleiche Formen aus Holz oder Kunststoff im Doppel, Schnur, Stopp-Schild Bilder*

Der Lehrer gibt auch hier die Aufgabe durch „Vormachen" vor, indem er eine deckungsgleiche Form über die gleiche Form legt.

Durch Führen bzw. durch selbständiges Tun legt der Schüler mit ASS die gleichen Formen zusammen.

Übungsablauf:

> auf die Markierungspositionen der Sterne werden zunächst immer gleiche Formen z.B. Quadrate gelegt. Dabei wird der Begriff „Quadrat" stetig wiederholt
> wenn alle Formen zugeordnet sind, geht der Lehrer und der Schüler zwischen den Formen hindurch und bleibt bei allen Formen stehen und „führt nach Affolter" den Zeigefinger mit dem autistischen Schüler zur entsprechenden Form und wiederholt den Begriff „Quadrat". Legen Sie ruhig auch hier in dieser Phase eine fluoreszie

> rende Schnur durch den Raum, so dass der autistische Schüler den Raum durch die Formen begrenzt erleben kann. Die Stopp-Karten geben ihm einen Hinweis auf einen kleinen Stopp an den gelegten Formen. Hier soll er mit dem Finger darauf zeigen und das Wort: Quadrat sprechen, bzw. der Lehrer spricht es.
> die deckungsgleichen Quadrate werden nun Stück für Stück auf die bereits liegenden Quadrate aufgelegt. Dabei wird – legen – Quadrat – als sprachliches Lernfeld benutzt.
> anschließend wird eine Wortkarte mit dem Wort Quadrat auf jedes Quadrat gelegt und das Wort gesprochen.
> nun werden die Wortkarten, geometrischen Formen systematisch zurückgebaut und in die entsprechenden Behälter zur Aufbewahrung gegeben
> die nächste Gruppe geometrischer Figuren wird in gleicher Weise erarbeitet

methodischer Hinweis:

Die Wahrnehmungskonstanz, Systematik, Ordnung und die Stück- zu Stück Zuordnung sind hier die zentralen Ziele für das wahrnehmungsverarbeitungsbeeinträchtigte autistische Kind. Daher wird in allen Phasen mit Schwarzlicht gearbeitet

2.3 Zuordnung verschiedener geometrischer Formen mit jeweils identischer Farbe

Material: *verschiedene geometrische Formen im Doppelt in unterschiedlichen Farben, fluoreszierendes Band, Stopp-Schilder*

Der Lehrer gibt auch hier in allen Phasen die Aufgabe durch „Vormachen" vor, indem er eine deckungsgleiche Form über die geometrischen Formen legt

Übungsabläufe:

> Auslegen der Positionssterne
> der Ablauf entspricht 2.2. wobei der Schüler nun immer unterschiedliche Formen erhält, die er sachrichtig positionieren soll. Er erhält durch die Farbe noch eine entsprechende Hilfe, so dass er sich auch ausschließlich an der Farbe orientieren kann.

Denken Sie bitte daran, dass es sich um eine Ablaufeinheit handelt, so dass jede einzelne Aufgabe durchaus den Zeitrahmen einer Stunde handeln kann.

2.4 Zuordnung von unterschiedlichen geometrischen Formen ohne Farbhilfe

Material: *verschiedene geometrische Formen im Doppelt in unterschiedlichen Farben, fluoreszierendes Band, Stopp-Schilder*

Der Lehrer gibt auch hier in allen Phasen die Aufgabe durch „Vormachen" vor, indem er eine deckungsgleiche Form über die geometrischen Formen legt

Übungsabläufe:

- ➢ Auslegen der Positionssterne
- ➢ der Ablauf entspricht 2.2. wobei der Schüler nun immer unterschiedliche Formen erhält, die er sachrichtig positionieren soll. Er erhält durch die Farbe noch eine entsprechende Hilfe, so dass er sich auch ausschließlich an der Farbe orientieren kann.

Denken Sie bitte daran, dass es sich um eine Ablaufeinheit handelt, so dass jede einzelne Aufgabe durchaus den Zeitrahmen einer Stunde handeln kann.

Material: *verschiedene geometrische Formen im Doppel in unterschiedlichen Farben.*

Der Lehrer gibt auch hier die Aufgabe durch „Vormachen" vor, indem er eine deckungsgleiche Form über die Form legt.

2.5 vom zweidimensionalen Legen zum dreidimensionalen Bauen

Material: fluoreszierende Klötze aus Holz, kreisförmige immer kleiner werdende Scheiben, große fluoreszierende Bausteine, die ineinander versteckbar sind, fluoreszierendes Band,

Übungsablauf:

- ➢ Auslegen der Positionssterne
- ➢ Legen der Materialien zum Thema:

  - Klötze
  - Scheiben
  - große Bausteine

> krabbeln, gehen durch den so geschaffenen Raum
> einen Weg durch die Materialien mit dem Band legen
> krabbeln und gehen entlang des Bandes
> die Klötze stapeln
> die Scheiben in den Größenverhältnissen aufeinander stelle
> Bauformen mit den übergroßen Legosteinen errichten

denken Sie auch hier wieder daran, dass Sie alle Handlungen nicht nur durch Sprache, sondern durch aktives Tun (also mitkrabbeln u.a.)vorzeigen und begleiten müssen.

3. *ERWEITERTES ZIFFERN UND MENGENTRAINING AUF ABSTRAKTER EBENE*

3.1 Ziffern erkennen und die entsprechenden Laute kennen oder sprechen können

Material: *Zifferntafeln aus Papier in Folie von 1-10 bzw. entsprechend der Fertigkeit des Schüler mit ASSen*

Der Lehrer gibt auch hier entsprechende Positionspunkte, wieder mit den Sternen auf der Fläche des Bodens vor.

Mit Führen, sachrichtigem Zeigen werden die Ziffernplatten durch den Schüler mit AS-Sen auf die Punkte gelegt. Der Schüler mit ASS legt und spricht die entsprechende Ziffer.

3.2 Zifferntraining – deckungsgleiche Ziffern legen

Material: *drei Sätze Zifferntafeln aus Papier in Folie von 1-10 bzw. entsprechend der Fertigkeit des Schüler mit ASSen,*

> die Ziffernkarten werden auf den Markierungspunkten durch den Schüler mit AS-Sen positioniert. Anschließend werden die gleichen Ziffernkarten auf die gleichen Karten gelegt und die Ziffern gesprochen.
> benutzen Sie am Anfang ruhig Karten auch mit unterstützenden Farben, so dass die Zuordnung einfacher gelingen kann.
> in einer fortgeschritteneren Phase können die Karten durch einfarbige Karten ausgetauscht werden

> setzten Sie die Ziffernschule auch dann ein, wenn es sich um einen Ihrer Meinung stark beeinträchtigten autitischen Schüler handelt, da das phänotypische Erscheinungsbild keine Rückschlüsse auf die Kognition zulässt.

3.3 Zifferntraining und Mengen

Material: Zifferntafeln und Mengentafeln

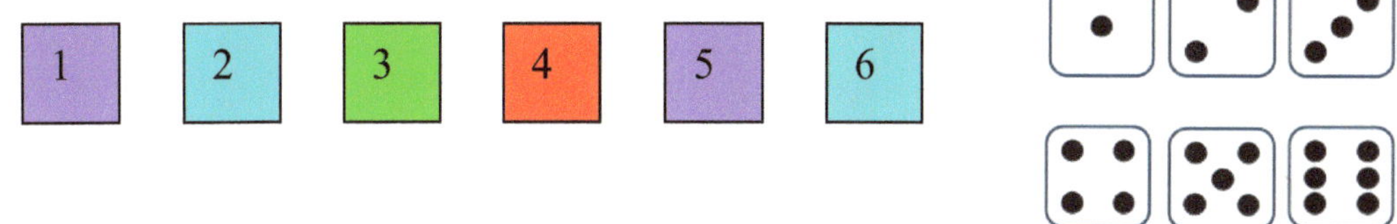

Die einzelnen Ziffernplatten werden auf den Boden gelegt. Nach dem sachrichtigen Sprechen werden dann anschließend die Mengentafeln zugeordnet

4. ELEMENTARES WAHRNEHMUNGSTRAINING UND EINFÜHRUNG VON BUCHSTABEN UND LAUTEN

4.1 Buchstaben erkennen und die entsprechenden Laute kennen oder sprechen können

Material: *Buchstaentafeln aus Papier in Folie von 1-10 bzw. entsprechend der Fertigkeit des Schüler mit ASSen*

Der Lehrer gibt auch hier entsprechende Positionspunkte auf der Fläche des Bodens vor.

Mit Führen, sachrichtigem Zeigen werden die Buchstabenplatten durch den Schüler mit ASSen auf die Punkte gelegt. Der Schüler mit ASS legt und spricht die entsprechenden Buchstaben.

4.2 Buchstabenkarten und gleiche Buchstabenkarten deckungsgleich legen

Material: drei Sätze *Buchstabenkarten aus Papier in Folie von 1-10 bzw. entsprechend der Fertigkeit des Schüler mit ASSen,*

Der Lehrer markiert auch hier die Position der Buchstabenkarten. Die Buchstabenkarten werden auf den Markierungspunkten durch den Schüler mit ASSen positioniert.

Anschließend werden die gleichen Buchstabenkarten auf die gleichen Karten gelegt und die Laute gesprochen.

4.3 Buchstabentraining als erstes oder vertieftes synthetisches Lesetraining

Material: fluoreszierende Buchstabenkarten aus Worten, die eine Analyse zulassen

Die Buchstaben sind so gewählt, dass sie ein sachrichtiges Wort ergeben. Jeder einzelne Buchstaben wird nun entnommen, lautsprachlich benannt und auf den Boden vor dem Schüler mit ASSen abgelegt.

Jeder folgende Buchstaben wird ebenfalls entnommen, benannt und an den ersten angelegt, so dass die Lautfolgen (synthetisch) erarbeitet werden. Z.B.:

- P
- Pe
- Pet
- Pete
- Peter
- Pete
- Pet
- Pe
- P

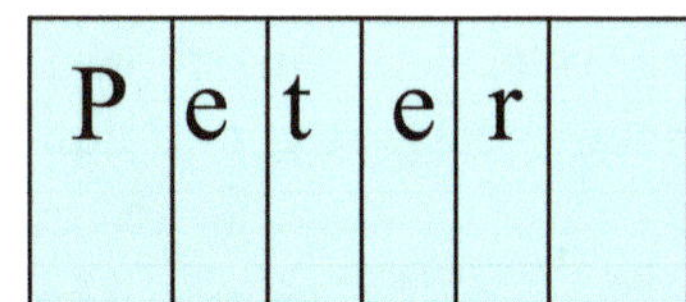

So können grundsätzliche Übungen zum analytischen und synthetischen Ansatz genutzt werden um sachrichtiges Lesen zu vertiefen und anzubahnen. Gleichzeitig ergibt sich die Möglichkeit eines isolierten lautspezifischen Trainings.

Nutzen Sie in allen Übungen die Lautsprache um die Sprachanbahnung sachrichtig realisieren zu können.

5. Elementares Sprach- und Kommunikationstraining

Aus unserer Erfahrung wird deutlich zu früh das Sprachtraining zu Gunsten anderer Kommunikationsformen aufgegeben. Das frühe Training alternativer Kommunikationsmittel, wie das Zeigen von Karten, UK und FC ist natürlich sachrichtig. Dennoch sollte man nicht auf ein intensiviertes Sprachtraining verzichten und gleichwertig in die Bemühungen um Kommunikation zu setzen.

Wie kann jedoch ein Laut- und Kommunikationsanbahnungstraining gelingen? Welche Übungen sind geeignet für eine elementare Anbahnung?

Zunächst zum grundsätzlichen methodischen Vorgehen:

- Benutzten Sie grundsätzlich das Prinzip des „Führens nach Affolter" auch in der Sprachanbahnung, so dass Öffnen und Schließen des Mundes und das Formen der Lippen aktiv durch den Lehrer durch das Führen am Mund begleitet wird
- Die erste Form der Kommunikation muss neben dem Erlernen der sachrichtigen Laute das Zeigen sein. Einen Gegenstand erkennen und ihn sachrichtig zeigen.
- Das Zeigen üben selbst untergliedert sich dabei wieder unter:
    - o Der Lehrer führt den Schüler unter Körper und Handführung, isoliert seinen Zeigefinger und führt diesen zum benannten Objekt
    - o In der zweiten Phase isoliert der Lehrer ebenfalls den Zeigefinger, bringt den Arm in die FC-Ausgangssituation und stützt den Schüler entsprechend der Methode des FC.

Auch in diesem Training ist es entscheidend, dass der zu zeigende Gegenstand im Vordergrund steht und die übrigen Gegenstände ausgeblendet werden. Daher wird mit Hilfe des Diaprojektors, Beamer oder dem Smartboard im verdunkelten Zimmer gearbeitet. Der Schüler sitzt auf einem geeigneten und zum Handlungsfeld ausgerichteten Arbeitsplatz.

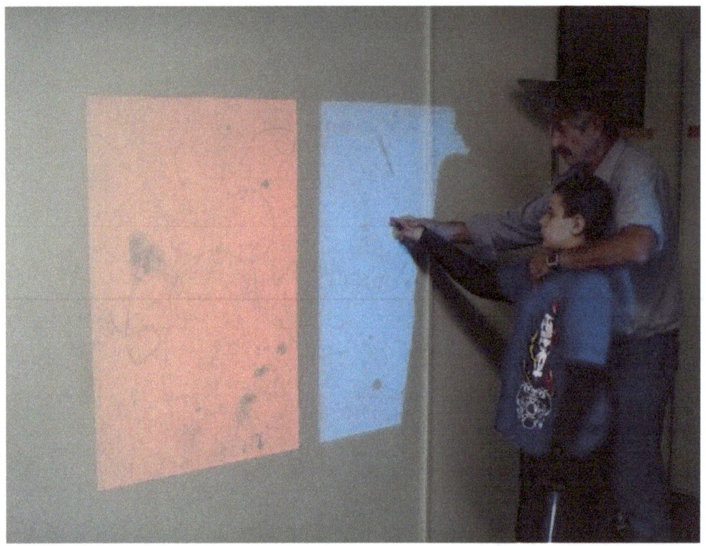

5. 1 Farben erkennen, zeigen und benennen

Material: *Diaprojektor und Dia, Beamer, oder am Besten mit dem Smartboard mit verschiedenen Farben: rot, gelb, grün als Einzelfarbe und kombinierte Farben. Zunächst zwei Farben, dann jeweils eine Farbe zusätzlich.*

Der Lehrer holt oder ruft den Schüler mit ASSen zur Projektionsfläche, positioniert ihn sachrichtig zur Leinwand und führt den Zeigefinger wie beschrieben zur projizierten Farbe:

- **Der Farbname wird vom Lehrer benannt**
- **Der Finger des Schüler mit ASSen wird zur Projektionsfläche geführt**
- **Fragestellung: „Wo ist rot?"   „Da" als sprachliche erste Übung**
- **Fragestellung: „Wie heißt die Farbe?"   „rot"**

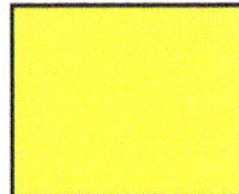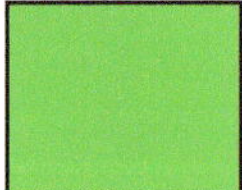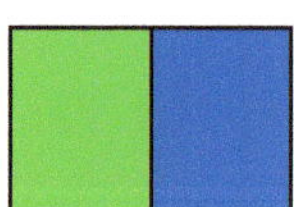

5. 2 Tiere erkennen, zeigen und benennen

Material: Diaprojektor und Dias, Beamer oder am Besten ein Smartboard mit verschiedenen Tieren

Übungsablauf:

Der Lehrer holt oder ruft den Schüler mit ASSen zur Projektionsfläche, positioniert ihn sachrichtig zur Leinwand und führt den Zeigefinger wie beschrieben zum projizierten Tier:

- **Der Tiername wird vom Lehrer benannt**
- **Der Finger des Schüler mit ASSen wird zur Projektionsfläche geführt**

- **Fragestellung: „Wo ist der Tiger?"   „Da" als sprachliche erste Übung**
- **Fragestellung: „Wie heißt das Tier?"   „Tiger"**

Das Bild eines Bären

Das Bild eines Tigers o.a.

Denken Sie bitte immer daran, dass der Lehrer immer hinter dem Schüler mit ASSen steht und den Unterrichts- bzw. Lerngegenstand im Handlungsfeld des autistischen Kind oder Jugendlichen steht.

Denke Sie auch daran, dass die Benennung nicht zu laut erfolgt, da Sie sich beim Führen unmittelbar am Ohr des Schülers befinden.

5.3 Gegenstände, Dinge und Personen und Gebäude erkennen, zeigen und benennen

Material: Diaprojektor und Dias, Beamer oder am Besten ein Smartboard mit verschiedenen den Themenbereichen: Gegenstände, Dinge des Alltages, bekannte Personen, Gebäude uva. auf zu projizierbarem Bildmaterial

Übungsablauf:

Der Lehrer holt oder ruft den Schüler mit ASS zur Projektionsfläche, positioniert ihn sachrichtig zur Leinwand und führt den Zeigefinger wie beschrieben zum projizierten Gegenstand

- **Der Gegenstand wird vom Lehrer benannt**
- **Der Finger des Schüler mit AS-Sen wird zur Projektionsfläche geführt**

> Bild mit Besen, Kehrschaufel o.a.

- **Fragestellung: „Wo ist der Besen?" „Da" als sprachliche erste Übung**
- **Fragestellung: „Wie heißt der Gegenstand?" „Besen"**

Nachdem mehrere Gegenstände erarbeitet wurden, können auch Kombinationsbilder mit FC in das Zeigen, Unterscheiden und Sprechen einbezogen werden.

Hinweis: Bauen Sie den Ablauf der Dia bzw. Bildfolgen so auf, dass zunächst ein Gegenstand, dann zwei und dann mehrere Gegenstände sich auf dem Bild befinden.

5. 4 Gegenstände und Personen aus Abbildungen erkennen, zeigen und benennen

Material: Diaprojektor und Dias, Beamer oder Smartboard mit z.B. aus den Büchern von Ali Mitgusch. Die Bilderbücher werden abfotografiert und als projiziertes Lernfeld benutzt.

Der Lehrer holt oder ruft den Schüler mit ASS zur Projektionsfläche, positioniert ihn sachrichtig zur Leinwand und führt den Zeigefinger wie beschrieben zum projizierten Bild

- **Der Gegenstand oder die Person wird vom Lehrer benannt**
- **Der Finger des Schüler mit ASSen wird zur Projektionsfläche geführt**
- **Fragestellung: „Wo ist der Bauarbeiter?"   „Da" als sprachliche erste Form oder die korrekte Bezeichnung**

5. 5 Reim - Geschichten zeigen, sprechen und in Handlungssituationen einführen

Material: Diaprojektor und Dias, Beamer oder Smartboard mit einer einfachen Geschichte: „Neun auf einer Bank"

Der Lehrer sitzt hinter dem Schüler so, dass er die Hände führend erreichen kann. Die Geschichte in Reimform wird Dia für Dia, bzw. Bild für Bild projiziert und sprachlich vorgestellt. Inhalte sind neben der Sprache auch die Zahlen bis 10. Wird die Stelle er reicht, in der die Zahl gehört wird, nimmt der Lehrer die Hand und isoliert die entsprechende Menge an Finger des Kindes und zählt noch einmal:

- 1,2 usw.
- der Lehrer lässt in der Reimform zunächst eine zeitliche Lücke, so dass der Sprechimpuls aktiviert wird.
- der Schüle geht zur Projektionsfläche und zeigt: den Gummilöwen als Nr.1 , die Puppe als Nr. 2 usw.

Dabei können alle Geschichte unterschiedlichen Schwergrades vorgestellt und bearbeitet werden.

5. 6 Bildergeschichten zeigen, sprechen und in Handlungssituationen einführen

Material: Diaprojektor und Dias, Beamer oder Smartboad mit einer einfachen Geschichte: „Neun auf einer Bank"

Der Lehrer stellt die Geschichte sprachlich mit übergroßen Dias vor. In weiteren Schritten wird so gearbeitet:

- Der Schüler zeigt aus den komplexen Bildern die für den Inhalt wesentlichen Darstellungen
- Der Schüler spricht oder zeigt Schlüsselworte

Die Inhalte des bildgebenden Buches sind dem Niveau des Schülers anzupassen.

und viele andere

6. *Elementare Begriffsbildung und Absicherung*

Sprachwissenschaftliche Beobachtungen haben ergeben, dass autistische Kinder auf Grund ihrer Wahrnehmungsverarbeitungsstörung keine sachrichtigen begriffsbezogenen Informationen aus dem Interaktionskontext entnehmen können.

Das heißt, dass die Mutter einen herbeirollenden Ball mit den Augen und mit leichten Bewegungen des Kopfes beobachtet und den sachgerechten Begriff, in diesem Fall den Ball, benennt.

Das autistische Kind kann auf Grund des zumeist vorhandenen peripheren Sehens und der mangelnden Fähigkeit Dinge in den Vordergrund zu nehmen, die Bewegungen des Kopfes und der Augen nicht erkennen.

Damit verbleibt der gesprochene Begriff Ball ohne konkrete Information, da er alle Gegenstände des Raumes, einschließlich der Körperteile der zumeist gegenüber sitzenden Mutter umfassen könnte.

Damit werden viele Begriffe nicht sachrichtig erworben und können im Alltag nicht sicher gebraucht werden.

Im elementaren Training gilt es somit dieses Training im alltäglichen und therapeutischen Bereich besonders zu berücksichtigen und zu konkretisieren.

Im therapeutischen Bereich wird entsprechend den Grundlagen von TEACCH eine reizarme Situation geschaffen:

- Tisch mit einer einfarbigen Fläche
- Beleuchtung nur auf den Tisch, so dass der Raum verdunkelt ist
- Der Lehrer sitzt hinter dem Kind um die Gegenstände zu geben, die Hand zu führen und zeigen zu trainieren
- Der einzelne Gegenstand wird auf den Tisch gestellt (von links entnommen auf den Tisch gestellt, benannt und nach rechts in eine entsprechende (rote: rot steht für Ende) Kiste gegeben.
- Arbeiten Sie immer von links nach rechts

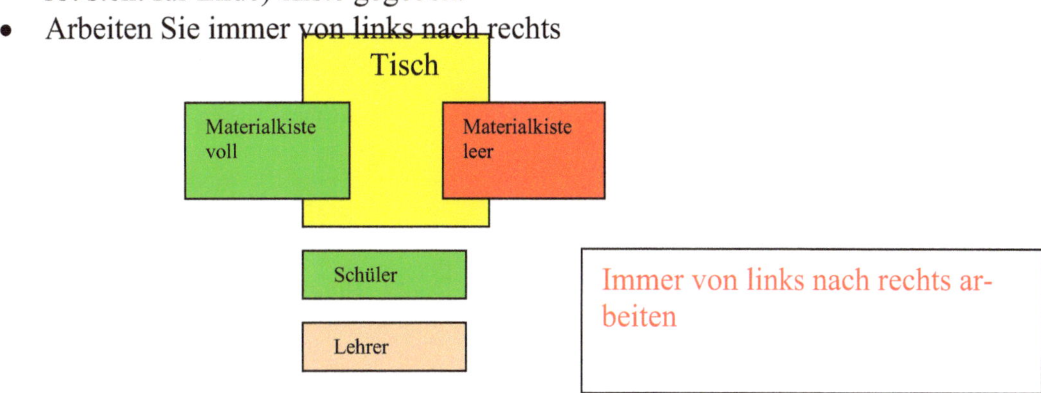

Variationen:

Mehrere Personen sind anwesend. So kann jede Person einen Gegenstand entnehmen und auf den Tisch stellen. Dabei ist es auch möglich um den Tisch zu sitzen, da der Tisch eine besondere Helligkeit aufweist und das Training zur sachlichen Begrifflichkeit nicht durch andere Geräusche und Störungen eingeschränkt wird.

Gegenstände:

Zum Training werden aus allen Bereichen des täglichen Alltages gewählt: Glas, Tube, Zahnbürste, Flasche, zerbrechliches Ei u.v.m.

6.2 Erarbeitung von Stück zu Stück Ordnungen

Neben sprachlichen, begrifflichen und kommunikativen Techniken müssen immer Arbeitsmaterialien erarbeitet werden, die der Schüler zu Hause möglichst selbständig erarbeiten, vertiefen und in seiner Freizeit selbständig anwenden kann.

Der Lehrer bzw. die Eltern zu Hause führen den Schüler in die sachrichtigen Abfolgen ein:

- Der Tisch ist wiederum frei und einfarbig
- Der Lehrer sitzt hinter dem Kind
- Gemeinsam unter „Führen" wird der Deckel geöffnet
- Die Steine werden links in eine grüne Schale gegeben
- Es wird von links nach rechts gearbeitet
- Die Farben werden wiederholt
- Unter Führen wird der richtige Stein entnommen und positioniert

Weitere Übungssituationen:

- ➢ lassen Sie die verschieden farbigen Steine in einzelne Schälchen geben. Bezeichnen Sie immer die Farbe
- ➢ ideal sind Materialschalen, die die selbe Farbe, wie die Stecker aufweisen. Denken Sie immer an die Grundlagen von Teacch:
    - o visuelle Informationen geben
    - o den Arbeitsplatz optimal einrichten

- den Arbeitstisch gegen eine leere bilderlose Wand richten
- möglichst störungsfreie Umgebung
- nur seitlicher Lichteinfall im normalen Zimmer
- benutzen Sie jedoch in einer Anfangsphase von Übungseinheiten eher optimierte Bedingungen:
    - benutzen Sie den Dunkelraum, den Sie auch für die Anbahnung von Wahrnehmung und Sprache benutzen
    - stellen Sie hier einen Stuhl und den Tisch wie beschrieben auf
    - beleuchten Sie nur die Tischfläche

- der Lehrer sitzt hinter dem Schüler und führt „nach Affolter" die Hände um die Steine farblich richtig zu sortieren
- achten Sie auf die präzise wörtliche Aufforderung. Verwenden Sie konkrete Schlüsselbegriffe und auf präzise Aussagen. Achten Sie darauf, dass Sie nicht zu laut am Ohr des Schülers sprechen
-

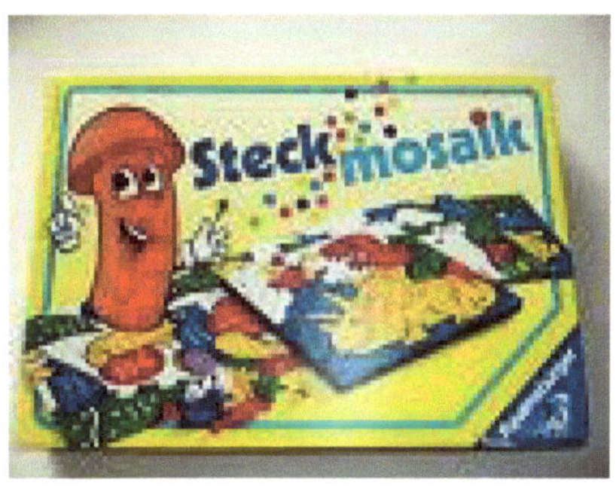

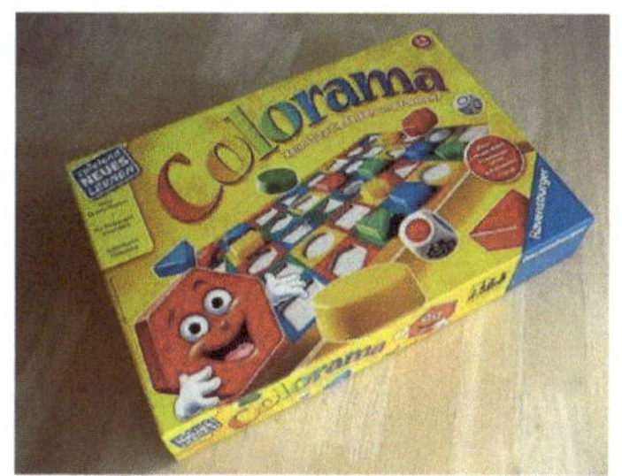

7. Lautanbahnung

Material: Diaprojektor und Dias, Beamer oder am Besten ein Smartboard mit verschiedenen Tieren, Gegenständen, Personen u.a, Tafel, thematisierte Bildmaterialien

7.1 Grundsätzliches:

Große Unsicherheiten gibt es bei der Laut- und Sprachanbahnung. Wie konkret soll die Lautanbahnung der nicht sprechenden autistischen Kinder und Jugendliche neben der allgemeinen Sprachförderung und dem Training nichtsprachlicher Kommunikationsmöglichkeiten sein?

Aus der Literatur über Autismus
und den logopädischen Lehrbücher
waren und sind keine Grundlagen
zu finden, die ein konkretes Training darstellen.

Daher wurde beschlossen, ein ei-
genständiges Konzept zu entwickeln, über Jahre hinweg auszu-
bauen, zu variieren und begleitend
zu evaluieren.

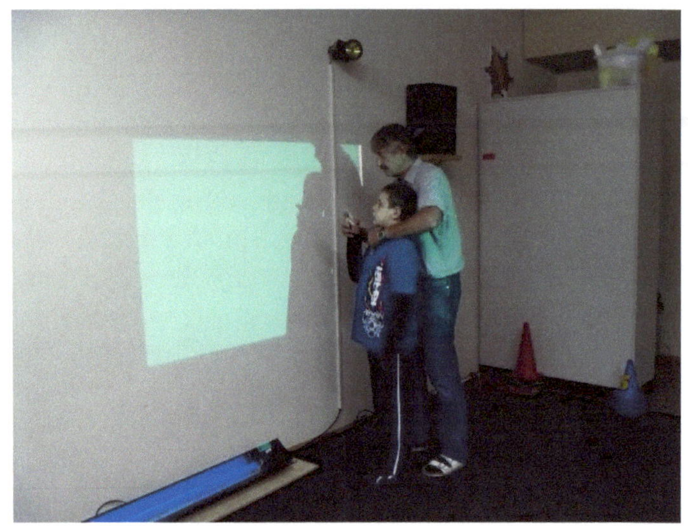

Dabei konnten Trainingseinheiten entwickelt werden, die zu guten Ergebnissen geführt
hat

7.1.1 Anbahnung von Lauten

Phase 1

> ➢ der Schüler sitzt auf seinem Stuhl direkt vor der Projektionsfläche.
> ➢ der Lehrer spricht den projezierten Buchstaben, fährt ihn unter „Führen" nach
> ➢ der Lehrer spricht den Laut
> ➢ der Lehrer führt nun die Lippen des Schülers, öffnet mit ihm den Mund und versucht nun den Mund zu öffnen und den Laut nachzubilden.

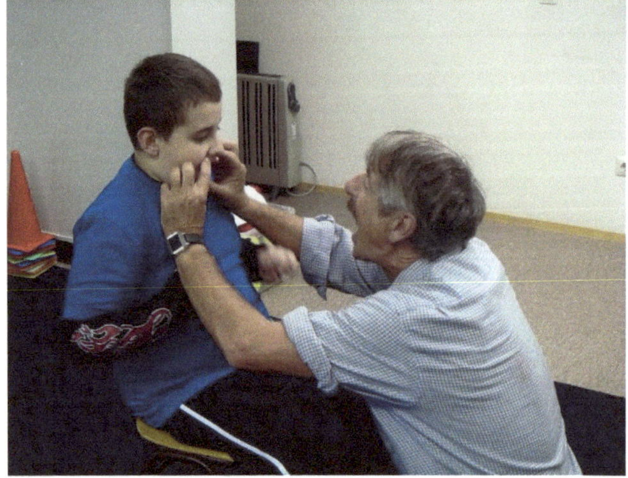

Phase 2

> ➢ nach dem sprachlichen Trai-
ning an der Projektionsfläche, bei dem das Begreifen und das Sprechen im Vordergrund standen, sollen die Laute hier noch einmal intensiv angebahnt werden.
Dabei zeigen die jahrelangen Übungseinheiten und die damit verbundenen Ergebnisse, dass autistische Kinder zwingend auf Informationen „wie das Sprechen
funktioniert" angewiesen sind. Dabei begibt sich der Lehrer in eine gegenüber sit

- zende Ausgangssituation, so dass er durch eigenes Tun, wie das Öffnen und Schließen des Mundes und die Lautbildung erfolgen kann
- der Lehrer führt dabei die Lippen und den Mund des Kindes. Dabei steht in jeder Übungseinheit das Öffnen und Schließen des Mundes am Anfang
- danach bildet der Lehrer den ersten Laut, durch eigenes Tun. Der autistische Schüler fühlt die Vibration des Lautes und versucht ihn selbst zu bilden.
- Dabei hat sich gezeigt, dass die Laute U,O,A, u.a. einen guten Einstieg ermöglichen. Gerade beim U kann lautunterstützend gearbeitet werden, da auch vorbereitende Übungen möglich sind:

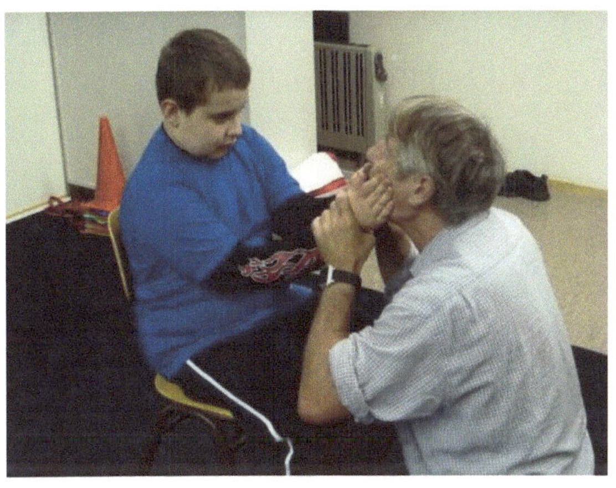

- Übungen zum Blasen eines Wattebausches
- Die Wangen mit den Fingern des Lehrers von hinten nach vorn streichen, so dass ein Spitzmund entsteht und die Lautanbahnung erleichtert
- Die Fibration bzw. die Luft an der Hand des Autisten spüren lassen und den Laut gemeinsam sprechen

Phase 3   Training von Worten und Handlungsabläufen

Materialien: Smartboard, Diaprojektor oder Beamer mit Bildmaterialien

Das Einsetzen der Mundmotorik bedarf der kontinuierlichen und umfassenden Wiederholung. Daher müssen Übungssituationen geschaffen werden, die eine kontinuierliche motorische Anbahnung gewährleisten.

Ausgangssituation:

Der Lehrer und Schüler sitzen ca 5 Meter Entfernung bis zur 2x2 m vor der großen Projektionsfläche. Der autistische Schüler sitzt zwischen den Beinen des Lehrers oder Trainers und lehnt selbst an der Wand. In dieser Ausgangssituation kann er sowohl die Mundmotorik anbahnen, steuern oder unterstützen und gleichzeitig den Wechsel der Dias oder Bilder des Beamers oder Smartboards steuern.

8. Motorisches Förderkonzept

8.1 Grundlagen

Das vorliegende Autismus-Training-Konzept richtet sich zwar nicht ausdrücklich, aber doch in der Regel an Kinder und Jugendliche mit frühkindlichem Autismus. Dabei ist es bei allen Förderkonzepten notwendig die Grundfertigkeiten der behinderten Kinder zu erkennen und daran anzuknüpfen.

Während Menschen mit Asperger-Autismus zumeist in der Grob- und Feinmotorik erhebliche Problemstellungen aufweisen, verfügen fühkindliche Autisten über eine gut ausgeprägte Grob- und vielfach auch eine entsprechende Feinmotorik.

Dies muss die Grundlage für eine elementare Förderung sein. Ein entsprechendes, seit langem erprobtes Förderkonzept möchten wir Ihnen entsprechend vorstellen.

Bei der Auswahl von motorischen Kompetenzen sollten solche gewählt werden, die dem autistischen Kind später als Freizeitmöglichkeit oder als Handlungskompetenz dienen. Dabei hat sich gezeigt, dass das Fahren mit dem Kett-Car und dem Fahrrad als besonders geeignetes Handlungsfeld dient.

8.2 Motorische Fertigkeiten anbahnen

Materialien: Kettcar, einen entsprechend großen Raum, Fahrrad, Pylonen zur Bildung einer Fahrtstrecke

Übungsablauf:

Folgende Übungsabläufe haben sich als besonders geeignet ergeben:

- Unter Führen nach Affolter werden Pylonen Stück für Stück zu einer Fahrstrecke aufgebaut, so dass eine Begrenzung bzw. ein Rundkurs für das Fahren mit dem Kett-Car oder dem Fahrrad möglich ist
- In der Einführungsphase wird ein Dreirad benutzt. Der Lehrer selbst fährt es und setzt den behinderten Schüler auf den Schoß. Damit kann der autistische Schüler die Form des Tretens erfassen und gemeinsam mit dem Lehrer erleben. Setzen sie auch sprachliche Informationen wie – treten – ein.
- Anschließend soll ein Dreirad gefunden werden, mit dem er seine ersten Tretinformationen vertiefen kann. Idealerweise besteht das Dreirad aus einem angekoppelten Stehbereich, so dass der Lehrer die Lenkbewegung mit dem autistischen Kind durchführen kann
- Vertieft können diese motorischen Fertigkeiten auch durch einen Ergometer werden
- Anschließend wird der Schüler in sachrichtiges Halten am Lenker und das Bremsen eingeführt. Benutzen Sie für die Anfangsphase eine seitliche Handbremse am Kett-Car.
- Schließen Sie die motorische Einheit immer damit ab, dass die Pylonen und der Rundkurs wieder mit dem autistischen Kind abgebaut wird.
- Vergessen Sie nicht, die Fertigkeiten in das Kommunikationsbrett des autistischen Kindes einzutragen, so dass es diese Fertigkeit auch selbst wählen kann.

Nachtrag:

Mit diesen beispielhaften Übungsabläufen wird deutlich, dass ein therapeutischer Ansatz zur Förderung stark betroffener Kinder mit Autismusspektrumsstörungen möglich ist und die Erfolge in der Praxis zeigen, dass die Kinder mit diesem elementaren Ansatz ihre Wahrnehmungsverarbeitungsstörung reduzieren können.

Besonders beeindruckend ist dabei, dass autistische Kinder, die den Trainer noch nicht kennen in der ersten Stunde konzentriert und über einen Zeitraum von 50 Minuten mitarbeiten können, da die für sie störenden Einflüsse durch die Schwarzlichtgestaltung in den Hintergrund treten.

Wie eingangs erwähnt, soll dieses Arbeitsbuch ein Autismus-Trainings-Projekt in progress sein.

Das heißt, dass Sie ihre darauf aufbauenden Erfahrungen einbringen sollen, so dass eine kontinuierliche Fortschreibung der möglichen Übungen allen zur Verfügung gestellt werden kann.

Berichten Sie über ihre Arbeit, so dass Modelle der Förderung insb. den frühkindlichen Autisten zu Gute kommen kann.

Die Kontaktaufnahme erfolgt über mrm.wieland@t-online.de

Auf eine Gute und erfolgreiche Zusammenarbeit

Ihr

M. Wieland

Literaturverzeichnis

Aarons, Maureen, Tessa Gittens: Das Handbuch des Autismus. Weinheim und Basel: Beltz 1994.

Arens, Christiane, Stefan Dzikowski (Hg.): Autismus heute. Dortmund: modernes lernen Borgmann KG. 1988. Bd. 1: Aktuelle Entwicklung.

Asperger, Hans: Die autistischen Psychopathien im Kindesalter, in: Archiv f. Psychiat. Nervenkrankheiten 117 (1994), S.76-136.

Attwood, Tony: Ein ganzes Leben mit dem Asperger-Syndrom. Stuttgart: TRIAS Verlag 2008.

Bernard-Opitz, Vera: 60 Jahre Autismus. Sichtweise, Wandlungen, Perspektiven, in: Autismus im Wandel- Übergänge sind Herausforderungen. Tagungsbericht. Hg. v. autismus Deutschland e.V. Stade: Stelzer 2006, S.14-32.

Biermann, Adrienne: Gestützte Kommunikation im Widerstreit. Berlin: Wissenschaftsverlag Spiess 1999.

Bleuler, Hans: „Dementia Praecox oder Gruppe der Schizophrenien", in: Handbuch d. Psychiatrie, spezieller Teil, 4.Abt., 1.Hälfte. Leipzig, Wien: F.Deuticke Verlag 1911.

Bruning, Nicole, Kerstin Konrad, Beate Herpertz-Dahlmann: Bedeutung und Ergebnisse der Theory of Mind- Forschung für den Autismus und andere psychiatrische Erkrankungen, in: Zeitschrift f. Kinder- und Jugendpsychiatrie und Psychotherapie, 33 (2), 2005, S.77-88.

Büttner, Claudia: Autistische Sprachstörungen. Hürth: Gabel 1995. (Kölner linguistische Arbeiten – Germanistik Bd. 30).

Der Brockhaus in fünfzehn Bänden. Band 13. Leipzig, Mannheim: F.A. Brockhaus 1998.

Deutsches Institut für Medizinische Dokumentation und Information (Hg.): ICD-10-GM 2007. Systematisches Verzeichnis. Köln: Deutscher Ärzte- Verlag 2007.

Dieckbreder, Frank: Pädagogische Ethik bei Menschen mit Autismus. Saarbrücken: VDM Verlag Dr.Müller 2007.

Dzikowski, Stefan, Cordula Vogel: Störungen der sensorischen Integration bei autistischen Kindern. 2.überarb. u. ergänzende Aufl. Weinheim: Deutscher Studien Verlag 1993.

Freitag, Christine M.: Autismus-Spektrum-Störungen. München: Ernst Reinhardt 2008.

Frith, Uta: Autismus. Ein kognitionspsychologiesches Puzzle. Heidelberg, Berlin, New York u.a. Spektrum Akad. Verlag 1992.

Goddemeier, Christof: Eugen Bleuler: Dem Menschen hinter der Psychose wiederfinden, in: Deutsches Ärzteblatt, 6.Ausgabe, Mai 2007, S.225.

Greve, Werner, Dirk Wentura: Wissenschaftliche Beobachtung. Eine Einführung. Weinheim: Psychologie Verlags Union 1997.

Häußler, Anne: Der TEACCH Ansatz zur Förderung von Menschen mit Autismus. Basel: SolArgent Media AG 2005.

Jörgensen, Ole Sylvester: Asperger: Syndrom zwischen Autismus und Normalität. 5.Aufl. Weinheim und Basel: Beltz 2010.

Kaminski, Maria u.a. (Hg.): Pädagogische Förderung von Kindern und Jugendlichen mit Autismus. Würzburg: 2010. Tagungsbericht.

Kehrer, Hans E.: Autismus. Heidelberg: Roland Asanger 1989.

Klicpera, Christian, Paul Innerhofer: Die Welt des frühkindlichen Autismus. 2., völlig neu überarb. u. erw. Aufl. München, Basel: Reinhardt 1999.

Konrad, Kerstin: Funktionelle Bildgebungsbefunde zur Aufmerksmakeit und visuellen Wahrnehmung bei Autismus, in: autismus Deutschland e.V. (Hg.): Autismus - Der individuelle Weg. Tagungsbericht. Stade: Stelzer 2009, S.111-115.

Kristen, Ursi: Praxis Unterstützte Kommunikation. Düsseldorf: verlag selbstbestimmtes leben 1994.

Kultusministerkonferenz (Hg.): Empfehlungen zu Erziehung und Unterricht von Kindern und Jugendlichen mit autistischem Verhalten. Beschluss vom 16.06.2000.

Lage, Dorothea: Unterstützte Kommunikation und Lebenswelt. Kempten: Julius Klinkhardt 2006.

Maier, Hermann, Rainer Scheel u.a.: Handreichung zur schulischen Förderung von Kindern und Jugendlichen mit autistischen Verhaltensweisen. Stuttgart: o.V. 2009, Loseblatt Teil 1. Ministerium für Kultus, Jugend und Sport Baden-Württemberg, Referat Sonderschulen.

Matzies, Melanie: Sozialtraining für Menschen mit Autismus-Spektrum-Störung (ASS). Stuttgart: Kohlhammer 2010.

Meder, Gerhard (2007): Qualitative Beobachtung. http://ph-freiburg.de/projekte/quasrus/einstiegstexte-in-methoden-der-qualitativen-sozial-unterrichts-und-schulforschung/datenerhebung/datenerhebungsmethoden/beobachtugsverfahren.html (Datum des Zugriffs: 10.03.2011).

Müller, Christoph: Autismus und Wahrnehmung. Marburg: Tectum 2007.

Ohder, Svantie, Cornelia Poser-Radeke: Schulbegleiter: Erfahrungen - Probleme - Empfehlungen, in: Verband Deutscher Sonderschulen, Fachverband für Behindertenpädagogik (Hg.): Schulische Förderung von Kindern und Jugendlichen mit Autismus. Würzburg: o.V. 2002, S.16-19.

Otto, Katrin, Barbara Wimmer: Unterstützte Kommunikation. 3.überarb. Aufl. Idstein: Schulz-Kirchner 2010.

Poustka, Fritz: Autismus: aus Forschung und Praxis, in: autismus Deutschland e.V. (Hg.): Autismus im Wandel- Übergänge sind Herausforderungen. Tagungsbericht. Stade: Stelzer 2006, S.45-56.

Poustka, Fritz, Sven Bölte u.a.: Autistische Störungen. 2.aktualisierte Aufl. Göttingen u.a. 2004 und 2008.

Probst, Paul: Rehabilitation und Förderung autistischer Kinder und Jugendlicher: Ein Manual für Beratung, Fortbildung und Training von Mediatoren: Für Eltern, Pädagogen, Ärzte und Psychologen. Hamburg: Psychologisches Institut II 2003.

Pschyrembel. Klinisches Wörterbuch. 259. neu bearb. Aufl. Berlin, New York: 2002.

Remschmidt, Helmut, Inge Kamp-Becker: Differentialdiagnostik autistischer Störungen, in: Autismus im Wandel - Übergänge sind Herausforderungen. Tagungsbericht. Stade: Stelzer 2006, S.33-44.

Remschmidt, Helmut, Inge Kamp-Becker: Asperger-Syndrom. Heidelberg: Springer Medizin Verlag 2006.

Rollett, Brigitte, Ursula Kastner-Koller: Praxisbuch Autismus. 3.überarb. Aufl. München: Elsevier GmbH 2007.

Schirmer, Brita: Schulratgeber Autismus-Spektrum-Störung. München: Ernst Reinhardt 2010.

Schuster, Nicole: Schüler mit Autismus-Spektrum-Störung. Stuttgart: Kohlhammer 2010.

Trost, Rainer: Ein Konzept zur schulischen Förderung von Kindern und Jugendlichen mit autistischen Verhaltensweisen. Ergebnisse des Forschungsprojekts „Hilfen für Menschen mit autistischem Verhalten". Bad Boll: 2010.

Verband evangelischer Einrichtungen für Menschen mit geistiger und seelischer Behinderung e.V. (Hg.): Schau doch meine Hände an. Sammlung einfacher Gebärden zur Kommunikation mit nichtsprechenden Menschen. 2.Aufl. Stuttgart: Verlagswerk der Diakonie 1993.

Wegenke, Monika, Claudio Castaneda (Hg.): Gemeinsamkeit herstellen. Wege der Kommunikation zwischen Menschen mit und ohne Autismus. Karlsruhe: v. Loeper Literaturverlag 2005.

Wilczek, Brit: Schulbegleitung für Schülerinnen und Schüler mit Asperger-Syndrom. 4.Aufl. (geänd.). Stade: Stelzer 2010.

Wilken, Etta (Hg.): Unterstützte Kommunikation. Stuttgart, Berlin, Köln: W.Kohlhammer 2002.

Wing, Lorna: Das autistische Kind. Ravensburg: Otto Maier 1973.

Wilmert, Hermann: Autistische Störungen. Aspekte der kognitiven Entwicklung autistischer Kinder. Frankfurt am Main: Peter Lang GmbH 1991.

Winter, Stefanie (2000): Quantitative vs. Qualitative Methoden. http://imihome.imi.uni-karlsruhe.de/nquantitative_vs_qualitative_methoden_b.html (Datum des Zugriffs: 10.03.2011).

Zimpel, Andre: Ursachenforschung zu autistischen Syndromen. http://www.andre-zimpel.homepage.t-online.de./Studentenseiten/Ursachenforschung.pdf (Datum des Zugriffs: 25.02.2011).

I.   sensormotorische Entwicklung

Nr.	*Entwicklungspositionen*	*Datum*
26	komplexe Themen am Boden legen	
25	einfache Themen am Boden legen	
24	Bildmaterialien und Spielmaterialien zuordnen	
23	Buchstaben in entsprechende Formen legen	
22	Buchstaben gleichen Buchstaben zuordnen	
21	Ziffern nach Aufforderung zeigen können	
20	Sandsäckchen mit Ziffern den Ziffernkegel zuordnen	
19	große und kleine Ziffernkegel zuordnen	
18	ohne Trainer gleiche Gegenstände holen und stapeln	
17	ohne Trainer nach Aufforderung einen Gegenstand holen	
16	ohne Trainer einen Ball rollen	
15	mit Trainer auf einer komplizierten Linie gehen	
14	mit Trainer auf einer einfachen Linie entlang gehen	
13	ohne Trainer an einer Linie entlang krabbeln	
12	mit Trainer an einer Linie entlang krabbeln	
11	ohne Trainer durch den Raum mit Kegeln gehen	
10	mit Trainer durch den Raum mit Kegeln gehen	
9	ohne Trainer ein Material zum Korb bringen	
8	ohne Trainer ein Material aufnehmen	
7	ohne Trainer den Kegel auf eine Position setzen	
6	ohne Trainer den Kegel tragen	
5	ohne Trainer den Kegel greifen	
4	mit Trainer Materialen zum Korb bringen	
3	mit Trainer Materialien vom Boden entnehmen	
2	mit Trainer den Kegel tragen	
1	mit Trainer den Kegel greifen	

Nr.	***Entwicklungspositionen***	**Datum**
26	ohne FC eine Kommunikationstafel als Kommunikationsmittel nutzen............	
25	mit FC eine Kommunikationstafel als Kommunikationsmittel nutzen............	
24	ohne FC das entsprechende Wort zum Bild sprechen können............	
23	ohne FC das entsprechende Bild zeigen können............	
22	mit FC das Bild zeigen und zum Bild das Wort bilden können............	
21	mit FC das Bild zeigen und zum Bild einen Laut bilden können............	
20	mit FC das Bild zeigen und zum Bild den Mund öffnen können............	
19	mit Trainer und FC auf ein benanntes Bild unter mehreren Bildern zeigen............	
18	mit Trainer und FC auf ein Bild zeigen............	
17	mit Trainer und FC auf ein Symbol unter mehreren Symbolen zeigen............	
16	mit Trainer und FC auf ein Symbol zeigen............	
15	mit FC aus mehreren Gegenständen den benannten zeigen............	
14	mit Trainer und FC auf einen realen benannten Gegenstand zeigen............	
13	mit Trainer und FC auf ein Bild mit mehreren Gegenständen zeigen............	
12	mit Trainer und FC auf ein Bild mit zwei Gegenständen zeigen............	
11	mit Trainer und FC auf ein Bild mit einem Gegenstand zeigen............	
10	mit Trainer und FC auf ein Bild mit drei Farben zeigen............	
9	mit Trainer und FC auf ein Bild mit zwei Farben zeigen............	
8	mit Trainer und FC auf ein Bild mit einer Farbe zeigen............	
7	mit Trainer auf ein Bild mit zwei Tieren in der Umgebung zeigen............	
6	mit Trainer auf ein Bild mit einem Tier in der Umgebung zeigen............	
5	mit Trainer aufeinem Bild mit zwei Farben zeigen............	
4	mit Trainer Finger zum Bild führen und das sachrichtige Wort hören können......	
3	mit Trainer Finger, Hand und Arm zum einfarbigen Bild führen lassen............	
2	mit Trainer zum Bild gehen können............	
1	mit Trainer den Zeigefinger isolieren und strecken können............	

IV. Dokumentation des Autismus-Trainings:

Datum	Übung Nr. Übungsinhalte	Fort- du Rückschritte der Aktivitäten…….